The Unique World

方　寸

方寸之间　别有天地

绀琉璃杯

绀琉璃杯底座与杯身间的金属垫片

白琉璃碗

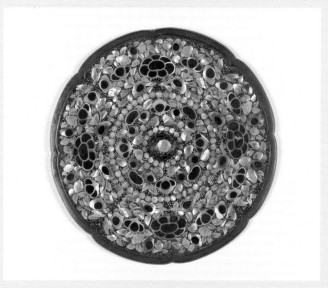

平螺钿背八角镜

鸟毛立女屏风 第 5 扇
全图及人物面部

佐波利套碗

金银花盘

木画紫檀棋盘，侧面有鹦鹉、葡萄及骆驼的形象

波斯风格的羊木臈缬屏风

棋子盒盖上的大象

铺于献物几上的绫，上有
狮子、驯狮人与孔雀

螺钿紫檀阮咸上的鹦鹉

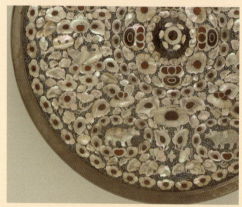

圆镜背后的螺钿装饰，
其中可见狮子与犀牛

正仓院所藏名香"兰奢待"

苏 芳

螺钿紫檀阮咸

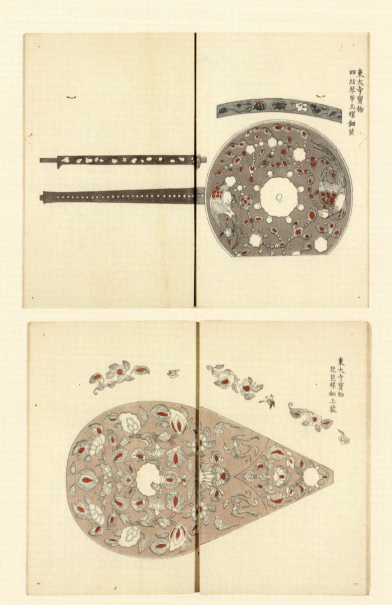

幕末《丹鹤图谱》中所绘阮咸与琵琶

螺钿紫檀五弦琵琶，面板上
饰有骑骆驼的人物

金银平文琴，琴头饰
有竹林七贤图

和琴，琴身上有彩绘玳瑁装饰

光明皇后书《乐毅论》

圣武天皇书《杂集》

絣的残片

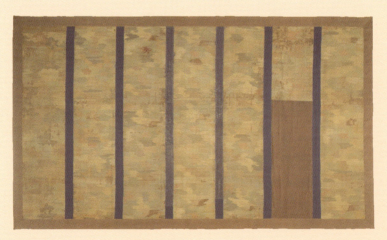

七条织成树皮色袈裟

以上插图照片来源：正仓院宝物

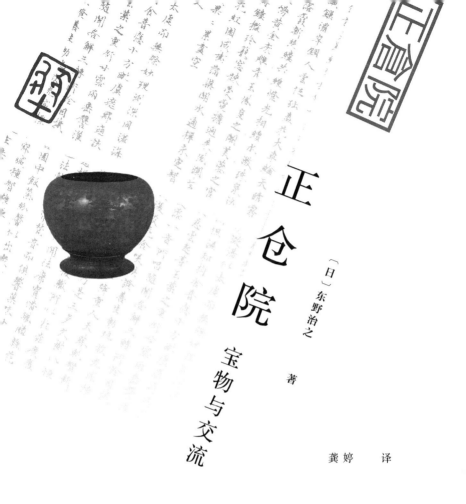

正仓院

〔日〕东野治之 著

宝物与交流

龚婷 译

社会科学文献出版社
SOCIAL SCIENCES ACADEMIC PRESS (CHINA)

SHOSOIN

by Haruyuki Tono

©1988 by Haruyuki Tono

Originally published in 1988 by Iwanami Shoten, Publishers, Tokyo.

This simplified Chinese edition published 2022

by Social Sciences Academic Press, Beijing

by arrangement with Iwanami Shoten, Publishers, Tokyo

序　言

天平胜宝八年（756）五月，圣武太上天皇寿终，时年56岁。此时距离东大寺大佛开眼法会已有4年。在他死后49日，光明皇太后将圣武天皇生前的心爱之物悉数捐献给了大佛，这便是"正仓院宝物"历史的开端。在此之后，皇室供奉的珍宝加上主要用于东大寺大佛开眼供养会的佛具、法会用品及古文书等，构成了如今规模庞大的正仓院宝物。

正仓院宝物中上有天皇和贵族的日常生活用品，下有平民百姓的户籍，种类及数量繁多，其中有不少可以直接向我们展示天平文化[1]的繁华和瑰丽。这些宝物在这1300年间，作为传世珍宝保存至今。正仓院不愧为"天平时代的时光胶囊"。此外，考虑

1　日本天平年间（729~749），以圣武天皇为核心发展起来的贵族文化，深受盛唐文化的影响。——译者注。本书如无特殊说明，均为译者注。

到收藏品有大量来自海外，也可以认为正仓院是一个以中国唐代文化为中心的古代文化的缩影。

关于正仓院的研究和概述，至今已经有大量先学问世。从正仓院具有的世界性意义来说，有这么多相关研究也理所当然。概观过往种种著述，大约分为两种，一种是从正仓院的起源和历史讲起，详尽介绍各个宝物的美术类书籍；另一种则是以宝物的文化背景为重点，聚焦于东西文化交流，阐述宝物意义的文化史类书籍。这两类书籍各有特色，但是极端一点来说，在宝物介绍和综合文化论之间仍有许多需要填补的空白。我们应该试着去往更深的层面，探究一下对古代日本[1]而言，正仓院的收藏品有着怎样的意义。

本书正是从上述视角撰写的。章节虽各自独立，但从日本史的角度来看正仓院是贯穿全文的主旨。我会将重点放在提及正仓院宝物就难以回避的"世界性"这一话题上，从不同方面和角度进行探讨。其实，过往的研究书籍中也不乏拥有类似视角的著作，但是就像前文所说，大多数著作是从宝物上将各种文化要素提取出来，在唐、中亚、波斯、拜占庭等地区的文化中追根溯

1　通常指古坟时代或飞鸟时代至平安时代后期的日本历史阶段。

源。虽然这样的探索研究也十分重要，但只做到这一步，很难去解释为什么那些多元文化要素会集中在正仓院，又是什么使得正仓院实现了这一可能。更为重要的是，我们应该带着疑问去探寻为什么这些拥有复杂文化背景的宝物会保存在正仓院中。

把这个问题换一个视角来看，我们可以去探寻古代历史中日本人是如何吸收外来文化，又是如何去享受这些文化的过程。这个问题也同样与古代日本的对外关系有着很大联系。仔细梳理正仓院宝物的话，会发现尽管其中一部分要素已与后世完全无关，但从进口这个角度来说仍有不少直至后世还在传承的要素在里面，比如说特别值得关注的不华丽但实用性很强的香料、药物、染料等。这些宝物即便到了中世[1]，还是需要依赖进口才能满足日本国内的消费。日本对外交往的历史并不限于古代，各个时代都有外交先行的倾向，但是如果把重心放在对外贸易史上的话，能够发现与过往所知的历史不同的一面，同时找到历史发展的惯性，这也是本书的另一个重点。

此外，关于正仓院和其他古代的文物有着怎样的联系以及中世以后正仓院的历史等问题，本书也花了一定篇幅讲述。其他关

---

1 日本历史阶段之一，通常指从镰仓幕府建立至战国时代结束，约为 12 世纪末至 17 世纪初。

于正仓院的书籍中，大篇幅提及这部分内容的并不多，但这是日本史研究中不可欠缺的重要内容。

提及正仓院时必须涉及的主题实际上难以计数，在这点上，本书也只是尽全力为大家展示一个参观正仓院宝物的切入点。本书未尽之处，读者可根据书后的参考文献进行辅助阅读。

目　录

第一章

丝绸之路和琉璃杯

绀琉璃杯（正仓院宝物）

琉璃和玻璃

　　提到正仓院宝物中以华美著称又颇受人喜爱的珍品，人们马上会想到镶嵌了夜光贝的螺钿乐器、镜子，还有各种造型的玻璃器皿等。声名在外的玻璃器皿之中有一只酒杯，被称为"绀琉璃杯"[1]。

　　"琉璃"一词源自古印度，意为"绀色的贵重石头"，也就是青金石。青金石的梵语为"vaidurya"，在汉译佛典中被译为"吠琉璃"，之后又被省略为"琉璃"二字。

　　但在中国，很早以前便将西方传来的玻璃制品称为琉璃。此后青金石传入中国，又漂洋过海来到日本。现在正仓院的藏品

1　绀色在这里指藏青、深蓝。

中也有镶嵌了青金石的皮革腰带和如意。根据敦煌文书（S3553）和日本平安时代早期文献《仁和寺御室御物实录》的记载来看，青金石在文书中被称为"金青"或"金青玉"。"金青"指的是深蓝色，和青金石的色泽正好吻合，名副其实。"绀琉璃"作为酒杯的定语，不用多说也知道是指绀色的玻璃制品。

这个玻璃杯在正仓院宝物中属于典型的舶来品。古代日本虽然也有过玻璃制品，但因为是铅玻璃，成分和陶瓷器的釉相同，成品基本上都是玻璃珠。

与此相比，玻璃的制造起源地西亚及以西地区虽然也生产铅玻璃，但自古生产钠钙玻璃的技术就十分发达。铅玻璃在制作的时候，为了增强铅玻璃的黏度和硬度，会在加热硅砂（石英）的时候加入氧化铅来促进玻璃化；钠钙玻璃加入的则不是氧化铅，而是苏打灰、木灰、石灰等催化剂。钠钙玻璃比铅玻璃的黏度更高，更适合制作大型及器形复杂的器皿。

此类技艺后来传至东方，中国在三国时代开始在铅玻璃之外生产钠钙玻璃。我们分析了绀琉璃杯的材质，其主要成分是钠钙玻璃。古代日本因为技术有限，不可能做出如此精致的钠钙玻璃杯，从这一点上来说，判定这个杯子是舶来品应该没错。

这个玻璃杯深受人们喜爱的原因除了杯体美丽深邃的蓝色以外，还有杯身充满异国风情的设计。用于注酒的杯身下紧连着高杯座的这种设计源自罗马拜占庭，和现在的红酒杯属同一类风格。正仓院宝物之所以出名，也是因为其中有许多来自丝绸之路、象征东西交流的珍品，而这个杯子被称为这类珍品的代表也不为过。但可以认为这个玻璃杯是通过遥远的丝绸之路直接传入日本的吗？其实简单来说，并非如此。

杯子的构造

接下来我们仔细观察一下这个玻璃杯。杯座上托有一个垫圈，并在此之上安置杯身。杯身四周的圆环状凸起与杯身应该是分别制作的，然后在烧制前黏合在一起。垫圈是银质的。不知从什么时候起，杯子的结合部分错位，部件分离四散，原本的垫圈去向不明。明治时代修理这个杯子的时候，由于找不到原装的垫圈，只能用当时的工艺补做一个，现在展现在我们眼前的琉璃杯垫圈就是当时修补的成果。也有一些玻璃研究者根据明治时代的修理情况判断，这个杯子不仅垫圈是后来补上的，就连杯座也可认为是明治时代的后补之作。但是我认为这可能考虑得有些过头，特

绀琉璃杯的杯座

别是杯座的纹样，我不认为这是比较新的样式。相反，正因为这些纹样，使得我们拥有了解开玻璃杯身上谜团的一把重要的钥匙。

细看杯座的纹样，有人说是龙纹，但不能确定，要我看来更像是虎纹。在此就先用异兽纹来代指。此纹十分具有中国特色，异兽的线条细长，咬合在一起构成唐草风纹样[1]。这种设计在中国的汉代至南北朝时期十分流行，对朝鲜半岛也有直接影响。

下图中这个铜托银盏上的纹样，正是该设计曾在朝鲜半岛流行的证据。这是出土于百济武宁王（？ ~523）陵墓的陪葬品。银

1　以植物的藤蔓为图案的曲线花纹。

盏上刻的龙的线条像蛇行一样扭转翻腾，构成盘绕银盏周身的异兽纹，又有像是扭成字母 C 一样的构图，这与琉璃杯杯座上的异兽纹有相通之处。如果杯座是明治时代新补上去的话，特意加上这种特殊纹样几乎不太可能。

这个杯子上显著的中国特色并不只有这点。纹样的间隙饰有会在第四章中详细提及的鱼子纹。不过波斯银器上时常能看到的鱼子纹是十分密集的，这种稀疏的鱼子纹则是中国以东地区的产物，这一点后文会具体讲述。综合这些细节可以看出，虽然这只玻璃杯的杯身具有十分强烈的西亚色彩，但杯座绝对不是

铜托银盏上的纹样
（百济武宁王陵出土，韩国文化遗产管理局编《武宁王陵》）

来自西亚，而是产自中国文化圈的某处，被加装在了这只玻璃杯上。

此外，杯座和杯身之间加装的金属垫圈也辅证了这一观点。现在玻璃杯上的垫圈是明治时代新补上的，然而在明治30年（1897）整理正仓院宝物的过程中，又很偶然地找到了原装垫圈。实物正如照片中这样，是银质镀金的。用紫外线照射后发现，垫圈和杯身之间是用漆黏合的，这证明了给杯身装杯座这个行为发生在中国文化圈内。垫圈的纹样也符合这一点，该纹样被称为忍冬纹，在中国的南北朝时期十分流行，7世纪以前的朝鲜半岛和日本也十分流行这种纹样。

杯座与杯身间的金属垫圈

加工于何处

这样看来，中国文化圈中也有加工西方样式的玻璃容器的历史。特别是杯身部分，大致就像至今为止的学术观点所指出的那样，是原产西亚的玻璃材质。像玻璃杯这般的西域器皿，在古代中国贵族的日常生活中随处可见。我认为将舶来的玻璃加工成日常器皿的工序完成于中国文化圈内，这只玻璃杯绝不是以它现在的形态穿越遥远的中亚沙漠而来的。

只是杯座和垫圈究竟是在中国文化圈的何处进行加工的，想搞清楚其实很难。解开谜团的提示之一来自鱼子纹的制作工艺。在第四章中会详细提到，隋朝以前，鱼子纹的样式主要是分散型的。根据杯座和垫圈的纹样，可以大胆推测玻璃杯加工最有可能发生在南北朝时期的中国。但是 7 世纪的朝鲜和日本因为受到南北朝文化的影响，也具备了加工出类似风格器物的条件。这一点应该作为今后的课题继续展开研究。无论是哪一种可能，这个玻璃杯的问世都要比正仓院的建立时间 8 世纪中叶早上半个世纪以上。

正仓院宝物中有奈良时代以前的物品，其实并不是多么不可思议的事情。有名的宝物里有一件天武天皇传给草壁皇子的榉木橱子。这个橱子此后经文武、元正、圣武、孝谦几任天皇，最终由孝谦天皇献给了东大寺，记载在天平胜宝八年的捐献品目录（《国家珍宝帐》）中。根据这本目录，百济义慈王送给藤原镰足的橱子也曾在正仓院中，但现已不存。这些橱子都是 7 世纪下半叶的产物。

刻面玻璃的产地

比起玻璃杯，还有更古老的玻璃制品，比如说在井上靖早年创作的短篇小说《玉碗记》中登场的那只刻面玻璃碗，通常我们称它为白琉璃碗。碗的材质是多少透着些淡褐色的透明玻璃，碗身上有大量的圆形刻面。20 世纪 50 年代中后期，伊朗东北部的吉兰地区出土了大量与这个碗十分相似的刻面玻璃碗，个别的甚至流入了日本古董市场。这件事让整个日本学术界深刻意识到这类刻面玻璃碗原产古代波斯。关于这类碗的制作年代基本可以推定为 5 世纪至 6 世纪。那么收藏在正仓院的这只碗又是何时来到东方国家的呢？

推导这件物品的流入途径恰巧有一件十分适宜的出土文物。江户时代，从被称为安闲天皇陵的古坟中挖出过一个和正仓院藏

正仓院宝物中的玻璃碗
刻面为圆形，刻面边缘相互
重叠的部分看上去是龟甲形

伊朗出土的玻璃碗

传安闲天皇陵出土的玻璃碗
（东京国立博物馆藏）

品及伊朗出土文物非常相似的碗，现收藏于东京国立博物馆。这个碗虽然有碎过后用黏合剂黏合的痕迹，但与正仓院所藏的那只碗几乎一模一样，特别是两者在切面的数量以及曲率半径的数值上都一致。考虑到这个碗在伊朗制作于5世纪至6世纪，又陪葬于日本6世纪上半叶的古坟中，我们可以推定这类玻璃碗频繁从波斯运往东方国家的时间主要在6世纪。正仓院收藏的白琉璃碗也可以认为是6世纪来到中国或者是朝鲜半岛的物品，但这个碗是运到东方后马上渡海而来，还是直到8世纪左右仍停留在海另一端的大陆，都是未知数。

萨珊王朝的圆环

不过，正仓院所藏的这只白琉璃碗即便是早年间传入日本的也并不奇怪。产自古波斯的玻璃制品，除了前面提到的从传为安闲天皇陵的古坟出土的那件以外，还有出自其他古坟的，例如奈良县橿原市新泽千冢126号坟出土的一件绀色玻璃皿。这件皿从制作技艺上来看，应该是5世纪前后制作于罗马文化圈，皿的内侧曾有过绘画痕迹。刚出土的时候绘画痕迹还有大量残留，人物、树木、马、花等事物虽然轮廓有些模糊，但可以

新泽千冢126号坟出土玻璃皿
纹样的拓片
（橿原考古学研究所《新泽千冢126
号坟》）

拓片中的人物

萨珊银器上刻的
持圆环人物

用肉眼辨识。现在这些痕迹基本上都已经消失，我们只能参考出土时绘制的参考图。从图中可以看出，原本这个皿上绘有明显是古代波斯风格的人物。这个人物手持的圆环，正是经常出现在波斯萨珊王朝时代的银器或浮雕等物品上的圆环（Xvarnah）。这些绘画应该是加绘在自西方传来的这件玻璃皿上的。虽然无法否定加绘这项工作可能是在中国周边地区进行的，但根据绘制的人物等图像来看，缺少中国色彩，将其看作波斯文化圈的产物可能更为合适。出土玻璃皿的新泽千冢是5世纪下半叶以降，在日本各地广为修建的群体坟的一种，第126号坟则推定营造于5世纪末。这也是古坟时代西方的玻璃容器已经传入日本的一个实证。

正仓院的玻璃杯和刻面玻璃碗究竟是在什么时候收入正仓院宝库的，目前没有相关记录。这些玻璃容器在进入正仓院之前究竟是以怎样一种形态传世的也难以详究，但从它们在当时已传世百年以上来看，那时的玻璃容器所拥有的巨大价值十分值得深思。

通过中国传播的"世界性"

让我们把注意力转回玻璃杯上。以传入年代来考虑的话，这个玻璃杯在中国加工完成是非常重要的一点，在鉴赏其他西方性很强的宝物时也不能错过这个要素。玻璃杯那同样能吸引现代人的异国风情设计和外形并不是自西域直接传入日本的，而是途经中国并在中国开花结果的产物。

以图案为例。树下站有动物的图案源自波斯，在正仓院宝物中也时常可以见到。有一架臈缬染[1]屏风上的图案是树下站着一只羊，就属于这类构图。第三章中会提及，虽然这架屏风确实是日本人制作的，但这只羊的形象和古代波斯的圣兽羊十分相似。不过，即便是采用了这样的形象，也不能说这架屏风的设计者就多么熟悉古代波斯的信仰，或者说对羊的形象所代表的意义有足够的理解。这架屏风上的树干、草丛与羊足边岩石的画法，都与当时中国或日本的绘画常用的表现方式并无大异，只能说是采用了波斯羊的形象，仅此而已。

还有一张紫檀棋盘侧面嵌的骆驼、牵骆驼的人和葡萄，这些图案都有着浓厚的西域风情，但是仔细观察的话，会发现除了有带西域特征的形象外，还有鹦鹉。鹦鹉虽然是经由丝绸之路传入中国的，但到了唐代，直接通过海上运输从南

1　又称蜡缬。用蜡液在织物上描绘图案，凝固后将织物投入染液染色，再用沸水洗去蜡，所绘处不被染色，构成图案或花纹。

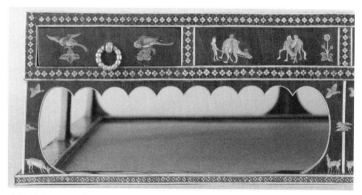

紫檀棋盘，侧面有马赛克图案（正仓院宝物）
最左侧为鹦鹉与葡萄，其右可见骆驼与牵骆驼的人

方来到中国的例子则更多。这是为了表现异域风情而适当采取的手法之一，画法本身则是中国式的。中国的上流社会对来自西域和南方的物产十分追捧，这种市场需要自然孕育出这类拥有异域风情的设计。此类做工明显是来自唐的舶来品。

由于玻璃产自西方，自然会有人将这类玻璃器皿和西方直接联系起来。特别是隋唐时期在中国历史上也是中西方交流前所未有的辉煌时期。汉代以后流行的使用玻璃器皿的生活方式，也可以作为此前时代文化交流的侧面反映。

古代日本大量接受并努力学习的，正是这种充满了世界性要素的中国文化。经常被人提及的"天平文化的世界性"，也正

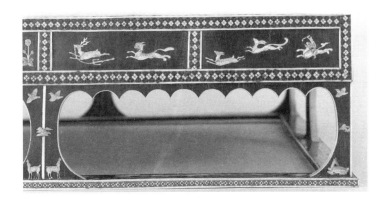

是诞生在这种背景下。换句话说，如果没有具备国际性的隋唐文化，天平文化自然不会具有世界性。虽然正仓院不时被誉为"丝绸之路的终点站"，但真正的终点当然是指唐的首都长安。正因为如此，我们不可将天平文化的"世界性"理解成是日本努力进行国际文化活动的成果，这是一种过分夸大的评价。这就是这个玻璃杯最大的历史意义所在。

与古代朝鲜的关系

关于这个玻璃杯的话题还不能结束。当我们猜测像这样的玻璃容器究竟是通过什么样的途径从大陆来到日本时,最先想到的应该是是否由遣唐使带回。

然而,在朝鲜半岛新罗的遗迹中也发现了类似的玻璃杯。这个杯子1959年发现于大邱附近的松林寺塔内。塔为砖砌五重塔,塔身有10余米,推测建造于7世纪中后期。塔中发现了筑塔时安放舍利的容器,正是这个杯子。杯体虽然是绿色,但从整体形状、贴在杯子外侧的玻璃圆环以及杯子的制作技艺来看,与正仓院的玻璃杯极为相似。杯子的材质最初有人说是铅玻璃,但近年被认定为钠钙玻璃。如此相似的玻璃器皿在日本和朝鲜同时发现,不得不让人怀疑,正仓院的那只玻璃杯究竟是不是直接从中国传入日本的。不过,虽然两者十分相似,但除了颜色以外还有其他的不同点。从大小来看,松林寺的玻璃杯高7厘米,而正仓院的杯子仅是杯体部分就有8厘米高;装饰在外侧的玻璃圆环,松林寺的杯子有12个,正仓院的杯子则有22个。但比起这些不同点,更为重要的是,放眼全球已发现的古代玻璃容器,找不出第二个像松林寺的绿玻璃杯这般与正仓院的玻璃杯相近的器皿。中国西安郊外的何家村也出土了凸纹玻璃容器,但造型与这两只杯子大相径庭。这两只杯子之间虽然没有直接联系,但正仓院的玻璃杯有可能也

韩国松林寺发现的绿色玻璃杯（韩国
国立中央博物馆藏），发现时外侧的
圆环中嵌有玻璃珠和珍珠

是经朝鲜半岛进入日本的。古代朝鲜半岛诸国与日本一样，模
仿学习的都是中国文化，玻璃容器出现在贵族生活中也有例可
循。而且比起直接与中国交流，日本和古代朝鲜的关系更为
密切。

古代日本文化的源头

近年，关于古代日本和西域的联系以各种形式被提及，但如
同正仓院的这只玻璃杯一样，二者之间的联系只能说是间接的。
对日本来说，文化的源头必然在中国和朝鲜半岛，这和古代日本
人在海外的活动情况也基本一致。7 世纪至 8 世纪，往来于日本

与朝鲜半岛及中国之间的人非常多，但前往西域或印度的日本人，实际上又有多少呢？

至少史书上没有明确留下过任何一个名字。陆路的话，先不提前往西域，甚至连涉足过长安以西地区的人都没有。海路方面，也就只有天平六年（734）遣唐使平群广成等人留下了在归国途中漂流至林邑（越南）后平安归国的记载。不能断言历史上没有留下姓名的人里就一定没有这样的人，但是就像本书第七章中"诞生于南方的絣织工艺"一节提到的那样，中国的文献里曾有朝鲜僧侣游历印度和东南亚诸国的记载，但日本人的名字却从未出现过。

以目前掌握的史料来看，游历印度的日本人要到 9 世纪才出现。唐代成书的《酉阳杂俎》中曾提到一个名为金刚三昧的僧人从印度归来（《酉阳杂俎》卷三）。虽然不清楚他到达印度的时间，但从日本弘仁元年（818）时他的确身在大唐（《酉阳杂俎》续集卷二）来推测，有可能是在 9 世纪初远行印度。此外还有平城天皇的皇子真如亲王。嵯峨天皇时代初期，他一度贵为皇太子，但 810 年他的父亲平城上皇[1]发动"药子之变"，失

1　平城天皇于 809 年让位于其弟嵯峨天皇，改称平城上皇。

败后下台，他则放弃皇太子的地位遁入佛门，成为空海的弟子。严格意义上来说，他虽一直志在远游印度，然而并没有实现这一梦想。他为去印度做了许多努力，于日本贞观[1]四年（862）入唐，865年从广州出发乘船前往印度。入唐的时候他已63岁高龄，到达现在的新加坡一带后，因为生病，最终死于该地。真如曾经因为这个亲王身份，在第二次世界大战中被推为进出东南亚的"先驱者"，然而现在几乎没有人去关注他。考虑到真如的这一系列行动前无古人后无来者，可以给予他一些积极评价。

从现代视角来看当时的情况，对佛教那般热情并积极接受了佛教的日本人对其发祥地印度却不甚关注，简直令人难以理解。这是因为日本与中国不同，学习的是传入中国后汉化了的佛教，因此更热衷研究汉译佛教经典，除了灵仙和空海等佛学造诣高深的僧侣外，几乎没什么人对梵文产生兴趣。那么反过来，有没有西域人来到日本的例子呢？虽然日本人对前往西域探险不积极，但如果有波斯人或粟特人频繁往来日本的话就不一样了。确实有人认为西域人曾经频繁来访日本，大肆宣传平

1　此处贞观为日本年号。

城京曾经也是国际都市。但是 9 世纪至 10 世纪的伊斯兰商人撰写的《中国印度见闻录》作为有力史料，证明了这是一种十分不合理的观点。

《中国印度见闻录》由两部分构成，第一部分成书于 9 世纪中叶，第二部分也就是续篇被认为成书于 10 世纪初。该书主要是伊斯兰商人根据贸易活动中的实际见闻留下的有关中国和印度的记载，十分珍贵。书中完全见不到关于日本的记载，关于中国以东地区的情况只是一笔带过，仅根据传闻记载了新罗的存在。9 世纪以降，继波斯和粟特商人之后，东方的长途贸易基本被伊斯兰商人独占。如果在这之前波斯人和粟特人曾经往来日本并得到相关资料的话，那么完全接手这条贸易线的伊斯兰商人应该会记载和日本相关的内容才对。伊斯兰商人不全都是阿拉伯人，也有不少改信了伊斯兰教的波斯人。[1]

此外，古代日本的姓氏总览《新撰姓氏录》[成书于弘仁六年（815）]中记载了大量自朝鲜半岛和中国渡海而来的人在日本

1　伊斯兰商人并非不知道日本的存在，在伊本·胡尔达兹比赫（Ibn Khordadbeh）所著的地理书《道里邦国志》中，将日本与新罗一道视为"瓦格瓦格"（Al-Waqwaq，意为中国以东盛产黄金之地，有观点认为是"倭国"一词的音译）。但书中对日本的称呼为"倭国"，由此可知这不过是从唐人处听说的罢了。——原书补注

获得新姓氏的原委，但其中完全不见有波斯人或其他异国人获得新姓氏。的确，奈良时代曾经有西域人和印度人来过日本，如波斯人李密翳（736年来日），印度人菩提仙那（736年来日），粟特人安如宝（754年来日）等，但这仅仅是些独立事件，并非西域人和印度人频繁来到日本的证明。

这类事情在正史上留下了这样的记载（《日本后纪》）：延历十八年（799）七月，一个外国人乘着小船漂流到了三河国（今爱知县）附近的海岸边，身上只有简单的上衣和围腰布，年龄约20岁，身高大约160厘米，耳朵很长。因为语言不通，只能让唐人帮忙辨认，最终发现是个昆仑人。有关昆仑人的详细解释可参考第六章的内容。这里我们要注意的是，如果不向唐人求助帮忙辨认的话，日本人甚至都无法知晓这个漂流者的来历。这个人此后习得了日语并自称是天竺人。无论他是昆仑人还是天竺人都可以证明一点，就是当时的日本人对南亚人的情况几乎一无所知。提到昆仑人，此前与鉴真一起东渡日本的人中就有一个叫军法力的昆仑人，但这是极为特殊的例子。这个时代，日本人能接触到中国人和朝鲜人以外的外国人的机会绝对不多。如果不是因为稀奇，漂流的昆仑人不可能被特意记载进正史之中。

正仓院宝物所包含的类似上述西方要素，使得乍看起来毫无关系的宝物，性质上的关联会因此而变得更为明晰。正仓院的玻璃杯，可以说恰好是这一现象的重要体现之一。

第二章

树下美人图的覆背纸

鸟毛立女屏风第五扇　坐姿美人

（部分，正仓院宝物）

贵重的"残材"

正仓院中也有大量破损的藏品。拿有名的染织品来说，根据物品的破损程度，会将其划分为"残欠""断烂""尘芥""麈粉"四档。还有一些是摆设和器物的碎片，这种被称作"残材"的碎片基本上不可能拿来展出，照片也只公布了部分。但是，这些碎片如果能确定出自奈良时代，那么和正仓院宝物之间就完全没有价值上的差距，特别是其中那些带有文字的。

正仓院中有大量奈良时代屏风的残骸，其中多数仅剩骨架，但也存在一些还留有文字的物件。当时的屏风主要是用木材搭起骨架，先贴上麻布，再往正面贴上覆背纸，在覆背纸上加贴纸质或绢质的绘画或书法作品。经过研究，打底的覆背纸果不其然是写过字的

"反故纸"。这些覆背纸即便残破，也有些许残留下来。下文要举的例子，正是来自这一类写了字的残纸。

  附　鷪十九翼料二合八勺五撮 天平廿年正月九日府生文忌寸……

这里出现的人物头衔是"府生"，也就是说这有可能是与"卫府"（亲卫军或都城守备军）相关的文书，记载的是"鷪"这种鸟的饵料支给情况。通过这块残片我们可以了解到，平城宫内养有"鷪"这种鸟类，大约一日要支给平均每只15合（合今日0.06合，约11毫升）的谷物。

查询古辞典可以得知"鷪"是指鸽子（《篆隶万象名义》）。如果说此处的"鷪"确定是指鸽子的话，很有可能是军事联络用的信鸽，但是在遣唐船等处未曾发现过使用信鸽的痕迹，因此或许看作是其他鸟类更为合适。从饵料的量来看，应该不是个头太大的鸟儿。平城宫出土的木简中也出现过同样的鸟名。根据平城宫出土的墨书土器[1]上的记载，推测

1　一种陶器。

正仓院外流文书（前田育德会藏）可见购买的併（屏）风、密拨（荜拨），丁子，沉香等物。署名者为中臣伊势老人，其女此后入平城天皇后宫，诞下真如亲王等皇子女

宫内曾经饲养过鹦鹉，所以我们可以期待一下今后或许会有"鵞"究竟是哪种鸟儿，又是为了什么而饲养这一谜题的新答案。

鸟毛立女屏风的覆背纸

屏风的覆背纸其实十分重要，有名的鸟毛立女屏风的覆背纸就是其中代表。这架屏风每扇上都绘有一位或坐或立的美人，因其典型的天平时代风格而备受关注。这架屏风在保存中连接的部分散开，原本的排列顺序单从图像上完全判断不出来，而且到了江户时代甚至还有接近"残欠"的部分出现。比如说六扇屏风中的第六扇，上面的图像除了美人的面部是奈良时代的原画外，其余都是江户时代天保年间的画师住吉内记在修理中补上去的。当然，整个屏风的装裱都在江户时代的修理中翻新过，不仅第六扇，其余五扇的装裱也在天保年间修理过，虽然侥幸还没有到"残欠"的地步，但还是可以看得出有明显的损坏痕迹。

鸟毛立女屏风的覆背纸同样使用了"反故纸"，这件事是在明治20年（1887）至明治30年对正仓院御物进行整理时发现的。当时在第五扇的覆背纸上发现了如左文字［（　）内为

念物黄金

价丝壹佰斤绵［　］

天平胜宝四年六月廿六日从□位上行少书吏丹比连［　］

正六位上行家令大田臣（广人）　正六位下行□从秦伊美吉［　］

署名〕。

这也是一份文书的一部分，从署名者的官职来看，应该是从某位贵族家中发出的文书。这份覆背纸文书十分重要，间接证明了鸟毛立女屏风是在日本本国制作的，而且可以大致断定制作年代。屏风的制作时间应该在天平胜宝四年（752）六月之后不久。奈良时代的美术作品中能够明确制作年代的少之又少，这张有字的覆背纸价值巨大。

但是覆背纸真正的价值还有其他。本书第八章会提到正仓院收藏有大量古文书，其中有如右这样一份。

这份文书和前述文书在日期上仅差 11 天，内容上则提及了"绵"的价值。我们再用一份收藏

金　苏芳　小镜

合三种

直物　绵六百十斤

天平胜宝四年六月十五日知家事资人大初位上栗前首

□□

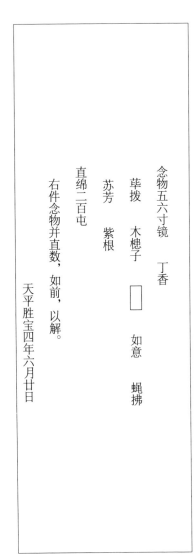

念物五六寸镜　丁香

荜拨　木槵子

苏芳　紫根

直绵二百屯

右件念物并直数，如前，以解。

天平胜宝四年六月廿日

于加贺前田家的文书来比较一下（现藏前田育德会尊经阁文库）。

这份文书与前两份的相似之处，一眼就可以明白。与覆背纸所记内容相似的文书，除这里列举的两份外，正仓院和前田家藏品中另有共计20份以上。这里加上"以上"是想强调正仓院中还有许多碎成渣的碎片，很难判断其中内容，所以无法给出绝对准确的数字。很难不去想这些相似的文书是否此前也是鸟毛立女屏风的覆背纸。

最初指出这一点的是正仓院事务所的关根真隆。就像前文提到的一样，江户时代屏风的破损已经相当严重，装裱在画下的覆背纸即便是剥落了也没什么不可思议。重新装裱的时候本来也要剥离画下的覆背纸。关根认为，在发现覆背纸是奈良时代古文书的情况下，将其和其他普通文书一并整理，一部分后来又从正仓院流出，这个过程并没有什么太大问题。实际上我曾经研究过前田家所藏的那份文书，和其他普通古文书不同，一些部分有黑色的斑点。这可以认为是它原本作为屏风的覆背纸时沾上糨糊留下的痕迹。

与新罗的贸易

这些文书究竟是何来历？我们可以根据其中的关键词"新罗物"来一探究竟。文书中提到的数目虽然各有不同，但从多种贸易品的记载中"价""直（值）""储价"等字眼来看，多数物品的价值都用绢丝和真绵来表示。也就是说这些商品都是来自新罗的贸易品，而这类文书是各家购买时的解文（申报书）。证实这一点的正是文书中"可买新罗物"一句。

覆背纸文书的日期是天平胜宝四年六月，正好是新罗使节访日的时候。使节一行人于闰三月到达九州，大宰府关于此事的报告于二十二日送达。除新罗大使以外，此行还有新罗王子金泰廉，共计 700 余人，使船 7 艘，规模极为庞大，前所未有。一行人于当年六月进入平城京，拜见了天皇。参考当时的上表内容来看，新罗王本应亲自向日本朝贡，但由于国政繁忙，便委任王子代行。

关于新罗使节问题，在后面第七章会提到，新罗长期在对日本问题上主张平等，两国之间也频繁有关于该问题的纷争。天平胜宝四年遣新罗王子前来朝贡的诚意，让日本朝廷对新罗使节的来访也大为欢迎。新罗使节于六月下旬参拜了刚完成开眼仪式的东大寺卢舍那大佛，随后又参拜了大安寺，并于七月下旬返回难波港。

奈良时代的新罗使访日活动中，像这般明确是来朝贡的仅有这一次。放眼看一下这个时期前后的历史动向就能明白，低姿态原不是新罗的本意。对于外交关系，无论是对任何时代任何国家，都不能只从表面来看问题，否则只会更加看不清楚事实。就拿这次新罗遣使来说，新罗方面的主要意图应该是促进通商。做出这一推测的根据之一是使节团一行的人数实在太多。大宰府报告新罗来访的船只有 7 艘，人数 700 余人，而新罗王的表文中说的则是一行 370 余人。8 世纪的遣唐使队伍一般为船4艘，随行人员400人至500人。和遣唐使比起来，新罗来了700余人，实在是太多了一些。所以可以推测，除了正式使节外，还有大量贸易商也随船来了日本。

需要注意的是，表文中提到一行370余人，也就是说700多人并不全都是使节团的正式成员。有人认为这些非正式者是前来参拜东大寺大佛的参拜团，但如果这样解释的话，新罗王或者新罗王子在上表中应该会提及大佛并迎合日方的意向，因此这种解释实在是过于牵强。

实为购买申请书的覆背纸

覆背纸文书可以作为补充使节团部分成员是来进行贸易的这一观点的重要材料。从这些文书上可以知道，购买新罗贸易品的基本都是官位五位以上的高级官员。特别是前述的鸟毛立女屏风第五扇覆背纸文书，以前被认为是某个普通贵族购买的，但根据署名者是藤原北家的家令这一细节来看，很有可能真正的购买者是当时藤原北家的家主藤原永手。其他的例子还有来自采女小槻山广虫的文书。他们购买的是被称为"念物"的贸易品，不是新罗使带来的贡品。使节团中有官员兼做商人，也有专门进行贸易的商人。

但是从当时的制度来看，自由贸易是绝不被允许的。律令条文（《关市令》《卫禁律》）中规定，外国使节带来的商品要优先由政府采买，剩下的才可以和求购者交易，如果违反这一规定就要受到相应的处罚。政府严格管理贸易，通过提交的购买申请书来把握谁购买了多少商品。不过，这些文书在交易结束后便成了废纸，很可能在被短暂保存之后，摇身一变成为屏风画的覆背纸。从文书被二次利用为覆背纸还可以推断出，树下美人图应该是出自官府作坊，作画者也应该是当时的宫廷画家。

被转卖掉的贸易品

我曾经对这些出现在覆背纸文书上的贸易品进行过仔细的研究。像这般详细记载了贸易品目的文献，即便是之后的时代也很少见，特别是其中不少品目正与正仓院现存的宝物吻合，属实是件十分有趣的研究工作。

在研究中我意外地发现，来自新罗的贸易品里有大量非新罗原产物。将贸易品大致分类，可以分为香料、药物、染料、颜料、陈设、器物等，其中非新罗原产物占比较大的主要是香料、药物、染料这几项。后面的第五章和第六章中会提到，这其中还有仅某一地出产的物品，例如产自印尼马鲁古群岛的丁香，产自中南半岛和马来西亚的苏芳和产自印度的荜拨。颜料中的同黄（藤黄）则如其英文名 Gamboge（Camboge）一样，是柬埔寨（Cambodia）的特产。

这些交易品对于新罗，甚至对当时的中国来说都是贵重的进口物品，可以说这些珍贵的物品是当时风靡一时的国际商品。这些新罗人想办法在唐买到这些商品，然后转手卖到日本来。曾入唐留学的天台宗僧人圆仁在其纪行著作《入唐求法巡礼行记》中记载，9 世纪上半叶，新罗人在海上频繁进行贸易活动，沿着东海海岸线与中国大陆频繁往来，甚至多有在唐定居者。实际上朝鲜人的类似活动在更早的时代就已经开始，像这样转卖商品的智慧也是代代相传。比较覆背纸文书中出现的物品数量可以发现，香料、药物、染料等所占比例极大。通过这些记录可以了解，当时新罗人在日本进行的贸易中，像这样以转卖行为为中心的交易更为突出。

习惯了现代国际贸易的我们可能无法完全理解中介贸易的意

义，但是在工业革命以前的世界大环境中，贸易的主要内容不是卖出本国的产品，而是通过倒卖更为遥远的地方的物产来获得利益。这种贸易中重要的交易品是那些产地固定的特产，在转卖过程中量少价高，可以赚取大量利润。正因如此，香料和药物在贸易中才被誉为"王者"。

纵观世界史，打开大航海时代贸易航路的正是香料交易。香料在被葡萄牙和西班牙等国盯上之前，早已经在东方给诸国带来了巨大的贸易利润。运输香料和药物的路线自古有之，随着时代变化的仅有运输者的势力。这种转卖贸易的利益究竟有多大，还请参照第六章中苏芳的例子。

在和新罗交易的物品中，虽然有镜子、香炉、绒缎装饰等各式陈设，但从其中有大量以香料和药物为主的转卖商品这点来看，肯定混有唐或是其他国家的制品。日本和唐之间的交流在奈良时代算不上频繁，因此当时的日本贵族对唐的物产和汇聚至唐的各国物品十分憧憬，新罗使节的贸易活动正是抓住了这一点。让新罗人低下头朝贡也要来日，贸易的利益之大可见一斑。如此看来，唐美人屏风背后这份和新罗交易的文书，即便是偶然贴在此处，也足够具有代表性。

人参和松子

当然，从新罗运来的不是只有转卖品，也有新罗的特产，例如药物中交易比例很高的人参。中国当然也产人参，只是朝鲜直到现代都以出产良好的药用人参而闻名，新罗也时不时会进献人参到唐。推测记载中的是朝鲜人参更为合理自然。

同样值得探究的还有松子。新罗某种生长在寒地的松树的松子既能食用又能入药，在中国广为人知。覆背纸文书中也有两例购买松子的记录，其中一个购入者居然买了一石五斗。当时的量器升分大升和小升，这种情况下通常使用小升计量，相当于现在的两斗（36升）。

我回想起一件有趣的事情来。在发表了覆背纸文书的研究结果后，同僚星山晋也告诉我，现在日本的松子依然是从朝鲜半岛进口的，日常作为下酒好菜进行销售。人参和松子，都可以说是跨越了历史的朝鲜半岛出口商品。

752年新罗使在日的贸易活动，由于有了正仓院的覆背纸文书，我们才得以详细地了解，但绝不是说这一次的贸易活动就有多么特殊。在我们能够了解具体人数的记录中，养老七年（723）之前新罗使团的人数均不足50人，然而天平十年（738）以降，使团人数变为通常有一百余人到两三百人。新罗使团的人数如此大规模增加，正如先学所说，是因为两国间的通商贸易逐步变得重要起来。神护景云二年（768）十月，为了准备和新罗的通商，大宰府付给了左右大臣以下的贵族们大量的真绵（丝绵）。虽然规模有所不同，但是我们可以推测，类似752年这场贸易的贸易形式和手段，在整个奈良时代十分多见。

既然提到了绵就再多提几句。从覆背纸文书中可以看出，与多彩、多样的进口新罗商品相比，日本这边主要使用真绵、绢、絁等丝织品作为等价物进行交易。第三章中会提到，日本向唐进贡的贡品也主要是丝织品。这是因为日本对唐没有什么可以拿得出手的工艺品，和新罗之间的贸易也是类似，是个单方面的卖方市场。

但是752年的新罗使节团如前所述，具有一些不同的特征，如使节团规模极为庞大，新罗王子作为代表前来朝贡等。这个时期的新罗，正处于号称"全盛"的景德王时代，找不出需要对日本低头赔笑的理由。所以一个疑问出现在我脑海里：这个新罗王子，他是真正的"王子"吗？关于这一点，我支持和田军一的观点，他认为这个王子并非真正的新罗王子，而是为了执行这次使节团任务而被任命的"假王子"。类似的手法在稍后一点时代的《三国史记》（哀庄王三年，802）中也有记载。因为只要说是新罗王子来朝，就不会在大宰府登陆时被赶回去，奔赴平城京时带的随从人数也能大幅增加，上京的费用当然也由日本来负担。朝鲜半岛上的人出入海上贸易领域，过早地挣扎在极为复杂的国际环境中，这种大环境养出新罗人身上这种强韧感绝不是什么稀罕事，当时的日本贵族们完全无法和他们相比。

来自新罗的宝物

前面我们讲过，新罗使的船上搭载了自唐贩来的货物和新罗本国物产两种商品，这在我们考虑正仓院宝物的来历等问题上具有重要意义。一般思考正仓院宝物的产地时我们容易陷入不是唐就是日本的定式，特别是对多少在技术上有些欠缺或品相欠佳的宝物，有立马就断定是日本国产货的习惯。但是我们必须要加上新罗产的这种可能性。正仓院宝物中明确可以判定是新罗物产者，有如下这块带有标签的绒缎

（一）行卷韩舍价花毡一
念物得追于
（二）紫草娘宅紫称毛一
念物丝乃绵乃得
追于「今绵十五斤<small>小</small>
长七尺 广三尺四寸」

绒缎边的麻布（正仓院宝物）
上有新罗人写的字

等物。

有两条记录用墨写在麻布片上并缝于绒缎的边角，（一）缝在一块有花纹的绒缎边，（二）缝在一块紫色的绒缎边。文字并不是标准汉文，特别是其中提到了"韩舍"这一新罗官名，可以确定这是新罗人写的。他们将写了字的麻布片附在作为"念物"的绒缎上，装船渡海而来。「」中的笔迹与前半部分不同，应该是买主在购买后记下了价格和大小。绒缎这种商品其实在覆背纸文书中也曾经出现过。

正仓院宝物中还有写

着"新罗杨家上墨"这类字样的墨等物品，其中必须要提一下的是佐波利（sahali）制品。佐波利是铜锡合金制品的总称，正仓院中存有大量铜锡合金制成的碗、皿或匙等器物，曾被用作食器和画具。它们外观上看起来金光闪闪，让人难以想象这是铜器。

佐波利在现代朝鲜语中成了沙钵（sapalu），正仓院覆背纸文书中有写作"匝罗五重鋺"的器皿，推测应该就是指佐波利制品一类的器物。"匝罗"可以读作safula，"五重鋺"应该就是正仓院中的多重套碗，"沙钵"应该是后世造的词。

法隆寺的传世宝物中也有佐波利制品，当然我们无法确定这些制品是不是全都来自新罗，但正仓院的佐波利制品中有用新罗的"反故纸"直接包裹的匙，有的器皿上还刻有新罗官名"乃末"，可以推测其中大部分应该是产自新罗。

佐波利的由来

从上文的推测来看，佐波利似乎是新罗的特产。关于这个名字，其实还有一个有趣的事实。首先"佐波利"写作汉字的话，虽然有"匝罗""杂罗""沙钵"等不同写法，但是单独每

佐波利器皿（正仓院宝物）
做成了可叠放收纳的套碗

个字并不包含什么特殊的意思。佐波利制的器物在中国唐代遗址中也有出土，《唐韵》一书写作"钞罗"，但实际上这两个字也没有特别的含义。到了南宋，出现了"沙锣""厮锣"等词，都是指铜洗（《云麓漫钞》）。这个时代关于这些词的由来也有诸多说法，但都是从字义上考证，让人很难信服。我认为这个词应是来自朝鲜、中国以外国家的外来语，比起写成什么汉字，它的发音更为重要，所以才会围绕相似的发音出现多种不同的用字。

这个发音让人联想到阿拉伯语中 sufr 这个单词，这个词由"像黄色一样"一词变形而来，主要指"金黄色的铜"。阿拉伯语中铜还有其他的词，此处的 sufr 单指"金黄色的铜"。但佐波利并不等于黄铜，而是金光闪闪的铜合金。在西亚地区，自古以来就一直生产类似佐波利的金铜器物，其中也有套碗之类，不得不让人把佐波利的语源和阿拉伯语联系起来。发音上来说，f 和 p 也常有相互替代的情况。在伊朗这片土地上，867 年建立起了萨法尔王朝，这个萨法尔（Saffarid）就源自"sufr"。sufr 还指制作这种铜合金的工匠，可见这个词十分古老。

佐波利制品是否就起源于西亚，时至今日很难明确。但当时高句丽或新罗和中亚也有直接交往的历史。在乌兹别克斯坦共和国撒马尔罕郊外发现了 7 世纪后半叶的壁画，画着可能是高句丽或新罗使节来访的样子。可能也有唐人在其中，但是当时的朝鲜半岛和西亚阿拉伯地区有过交流并不是什么奇怪的事情。即便阿拉伯人没有直接来到朝鲜半岛，但通过丝绸之路传来语言和技术的条件已经具备了。

前文列举的绒缎和佐波利制品，是为数不多能够确定产自新罗的个例。此外，在朝鲜半岛也出土了与正仓院宝物相似之物，例如被推断为新罗制的烛花剪。韩国南部庆尚南道出土的螺钿镜也备受瞩目。背面有大量螺钿装饰的唐镜在中国也有出土，但与正仓院所藏螺钿镜在纹样结构上多有不同，至今并未发现相似的出土镜。在现有的出土文物中，和正仓院藏品最为相似的可能要属韩国出土的镜子。这种镜子不能断定为新罗制，但是在我们追溯正仓院螺钿镜由来的时候，可以作为一个十分有意义的参考资料。随着朝鲜半岛出土文物资料的不断增加，我们可以进一步比较和分析正仓院中有多少宝物来自新罗，而这项工作才刚刚开始。

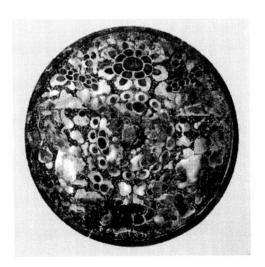

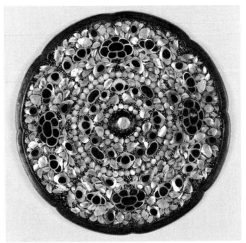

两面螺钿镜。上图出土于韩国庆尚南道（湖岩美术馆
藏），下图为正仓院宝物

第三章

进口物和国产货

有鹿形敲击凸起图案的银质大皿

（正仓院宝物）

正仓院宝物是否为国产货

　　仔细观察正仓院的工艺品，会惊艳于它新鲜的色彩感与非凡独特的设计，正仓院展的观众中女性较多也有这方面的原因。面对这些宝物的时候，我们脑海之中自然会浮现一个最大的疑问：这些宝物究竟是不是日本产？由于鉴赏方法的不同，把它们全看作西域产或是大唐产器物的可能性也是存在的。只是，想要明确地回答这个疑问，却并不是那么容易的事情。

　　正仓院宝物是不是日本产这个问题，早在很久以前就备受人们关注。江户时代的宽政四年（1792）十二月，屋代弘贤与柴野栗山、住吉广行一同到访东大寺，在参观了元禄年间修理后从正仓院取出别置的鸟毛屏风后，整理记录了如下感想（《道之幸》）。

今日要在大佛殿西边的龙松院参观宝物（中略）。有鸭毛（鸟毛）屏风两架。每架都是在写有墨书的纸上贴上鸟毛，但因年代久远鸟毛脱落，只有墨书笔迹犹存。时光流逝让屏风变得十分脆弱，写着'种好田良，易以得谷'的屏风在元禄六年开启正仓院宝物库时有过修理，文字已不是当初贴着鸟毛的样子。（中略）表面贴着的鸭毛也已脱落丢失，虽说完全没了（带鸟毛的）字形，倒能看得到原来的样子。人们都说想分清这个屏风究竟是唐制还是和制十分困难。我亦作此想时，却在画中发现了一行文字，仔细看去，是'天平胜宝三年十月'，可见此物乃是本邦所制。

这份记录中提到了天保大修理以前的屏风类宝物的情况，可以说十分贵重，但更可贵的是在其中一架屏风上发现墨书"天平胜宝三年（751）十月"并将这类屏风归为日本制的这一部分，从中的确可以一窥江户时代知名考证学者屋代弘贤的风骨。弘贤并没有具体提及写有墨书的屏风是哪一架，但是在现存正仓院宝物中寻找写有同样墨书的，找到的则是羊木臈缬屏风。这架屏风使用了波斯风格的树下羊图案，画面下端有前面提到的纪年墨

羊木臈缬屏风（正仓院宝物）

书。弘贤看到的可能就是这架屏风。只是弘贤仅凭这架写有纪年的屏风就将全部屏风归为日本制，严格来说有很大问题。但是弘贤对正仓院宝物究竟是唐制还是日本制抱有疑问，调查研究宝物并做出一定判断的做法，成了此后相关研究开始的契机，应该给予一定的评价。

通过文字判断

通过这个例子我们可以知道，判断宝物是进口还是国产，首先是看上面的文字信息。特别是如果有制作时的铭文，基本上不会误判。这里举几个已知的例子。正仓院宝物金银花盘是一个中央有鹿形敲击凸起图案的银质大皿（直径 61.5 厘米，见本章篇章页），它的背面刻有如下两条铭文：

东大寺花盘 重大六斤八两

宇字号二尺盘一面 重一百五两四钱半

两条铭文都刻有重量，但仔细观察会发现两条铭文在雕刻方法上有所不同。仔细观察可以发现，第二条是点状刻痕连成文字，这种雕刻方法被称为"蹴雕"（点刻法），在日本得到广泛应用要到平安时代。所以我们可以确定第一条铭文是这个盘子到了日本进入东大寺以后刻下的，第二条铭文则很有可能刻于生产地大唐。辅证这个观点的另一个证据是铭文内容，第二条铭文中出现的"宇字号"也曾在中国出土的唐代银器上发现。有人将"宇字号"解释为造器作坊的名称，关于这个问题我不是很清楚，不好盲目判断，但毋庸置疑的是，这个银质大皿来自大唐作坊。

此外，在中国也出土了几件形制相似的器物。这样看来，这个银质大皿无论是从铭文的刻痕还是器物的外形来说都是典型的进口品。除此之外，我们在第二章曾提到过的绒缎和墨，也是通过文字判断为新罗制品的。

通过材料判断

与通过残留文字判断同样可执行性较强的另一种方法是通过材料来判断器物的产地。屋代弘贤的纪行作品中出现的鸟毛屏风就是代表。前面已经说明了鸟毛屏风被认定是日本制的理由。这里再说明一下，鸟毛屏风是把禽类的羽毛剪裁成需要的形状，代替墨或颜料贴在屏风上写字或作画制成。由于后世并不见此类屏风，可以说鸟毛屏风是颇具时代特色的正仓院宝物。画着立姿或坐姿美女的一架六扇屏风以"鸟毛立女屏风"之名闻名于世，此外还有用鸟毛拼出文字组成文章的"鸟毛帖成文书屏风"和"鸟毛篆书屏风"等。

那么这里有一个关于材料的新疑问，这些贴在屏风上的鸟毛究竟从何而来？人们很早就注意到了正仓院宝物的材质问题，为了把握具体情况，在昭和28年（1953）至昭和30年（1955）对宝物的材质进行了分析。分析结果显示，鸟毛立女屏风使用的是日本的山鸡（鸡形目雉科）羽毛，鸟毛帖成文书屏风和鸟毛篆书屏风使用的则是日本的山鸡和绿雉的羽毛。在江户时代，可能存在某种先入为主的观念，将这些鸟羽误认为鸭毛，导致在修理中使用了大量花脸鸭的羽毛。由于鸟毛立女屏风上的羽毛所余者寥寥无几，无法判断是否只用了山鸡的毛。但是从这仅余的鸟毛可以断定，鸟毛立女屏风是日本本土制作的。

鸟毛立女屏风上的女性，只从外貌上来说是十分标致的唐美人，类似这样的美人画在敦煌和吐鲁番等地也有发现。但是仔细

吐鲁番出土的美人图（新德里国家博物馆藏）

观察了这个屏风的岛田修二郎认为，画上这些女性的服饰并非写实，其中存在某些奇怪的拼接。也就是说画被鉴定为和羽毛一样是在日本完成的，应该是当时的宫廷画师所作。服饰出现错误，正是这些人没能完全理解来自大唐的绘画模本所致。

其他判断方法

除了通过文字和材质以外，不能忘了还有通过工艺这个判断方法。这个问题在第四章会详细介绍。但是无论是通过文字、材质、工艺中的哪一种，能够判断出产地的宝物都十分有限。打破这种限制的方法究竟有没有呢？我一直在思考这个问题。

就我个人看来，先把目光从具体宝物上移开，扩大视野来看会更有成效。比如说看看当时日本从中国进口了什么物品，又向中国出口了哪些物品，通过查找文献记载来确定物品的具体名称。这类文献史料现存的也很少，但幸运的是 10 世纪上半叶编纂的《延喜式》[1]中有向大唐皇帝进贡的贡品清单。我们先来看看这个单子上有些什么。

　　银　　大五百两

　　水织純、美浓純　各二百匹

---

[1] 一部详细记录了养老律令实施细则的法典，于 905 年由藤原时平负责开始编纂，927 年完成。除作为研究古代日本的工具百科书外，通过《延喜式》还能具体了解公家制度等和法律执行有关的法案条例。共 50 卷，由关于神祇官的部分（卷一至卷十）、关于太政官八省的部分（卷十一至卷四十）、关于其他各司的部分（卷四十一至卷四十九）和杂式（卷五十）构成。

细絁、黄絁　各三百匹

黄丝　五百絇 [1]

细屯绵　一千屯

綵帛　二百匹

叠绵　二百帖　屯绵二百屯

纻布　三十端　望陁布一百端

木绵　一百帖

出火水精十颗　玛瑙十颗　出火铁十具

海石榴油六斗　甘葛汁六斗　金漆四斗

接下来对以上品目进行简单说明。絁是当时最为普通的一种平织绢。这种绢也分种类，美浓地区（今岐阜县）特产的美浓絁经常被选为送给外国的礼物。黄丝是染成黄色的生丝，屯绵是块状的丝绵，叠绵则是层层折叠后铺平的丝绵。纻布是苎麻制成的布，望陁布则是上总国（今千叶县）望陁郡特产的优质麻布。木绵是从楮树等树木的树皮中提取纤维织成的布，和我们现在所说的棉织物并不是同一种东西。海石榴（山茶）油可以食

1　量词，丝 5 两为 1 絇。

用，甘葛[1]汁是那个时代最典型的甜味剂，金漆则指的是香椿树或吴茱萸五加树的树脂液，用来涂在金属表面防锈。出火水精可能是可以聚太阳光生火的水晶镜片，而出火铁也是点火器具的一种。

这些物品，包括出火水精和出火铁这两样，都是粗加工品或仅稍做加工的纤维制品，也就是说这些物品并不需要特别复杂的加工手段。絁、丝、绵这些物品，基本都是当时从日本各地征收的租税。只有綵帛因为有时也会代指高级织物绫，可能要当作例外来看。但是只有绫没有锦也很奇怪，因此这里的綵帛应该是同"彩帛"或"采帛"，是指染了色的绢，这同样是可以作为"调"让各地缴纳的物品。缴纳物的这种特殊性质究竟还包含着怎样的意义，稍后我们将详细讨论。

日本向唐献上的物品

依《延喜式》之记载，这些物品是"日本天皇赐予大唐皇帝"之物，名义上这是为大唐皇帝到访日本而立下的规定，但实

1　有说法认为即今天的绞股蓝。

际上根本不可能用得上。这些物品最终由遣唐使携带出海并献给大唐皇帝。从中国的史料中可以了解到，早在 8 世纪上半叶，这些依据规定准备的物品就已远渡大唐。

（开元二十二年）四月，日本国遣使来朝，献美浓
絁二百匹、水织絁二百匹。(《册府元龟》卷九七一）

根据以上记载，天平五年（733）时入唐的遣唐使向大唐献上了"美浓絁二百匹，水织絁二百匹"。这批纺织品的数量与《延喜式》中的记载完全一致，并非偶然。虽说没有记载其他物品，但可以推测这个时期日本就已经制定了与《延喜式》中记载类似的规定，并在实际遣使朝贡中执行。

过去我们一直认为古代日本主张本国和中国是对等关系，遣隋使和遣唐使们也为此付出了许多努力，学者中持这种观点的人也不少。但这里就有一个问题：尽管日本不称唐的君主为皇帝而是称其"大唐皇"，在国内用"下赐"，但送这些日本物产入唐时却依旧被认为是"朝贡"。自古以来，中国周边的国家和民族会因仰慕皇帝的德高望重和中华文化的博大精深而前往中国朝贡，朝贡时献上的物品主要以前文提到的粗加工品或是简单加工

品为主。不必说，贡品必须要选择让中国的王朝和王权高兴的物品才行。遣唐使携来的物品在大唐朝廷也十分受欢迎。只是日本的贡物中几乎不包含工艺美术品。

新罗贡品

不包含工艺美术品这件事实际上有很重要的意义。邻国新罗向大唐朝贡的物品与日本就有很大不同。虽然新罗没有更为详细的文献史料留存下来，但是已知圣德王二十二年（日本养老七年，723）有如下新罗贡品贡上：

果下马（朝鲜特产小型马）

牛黄、人参（药物）

美髢（假发）

朝霞绸、鱼牙绸（绢的一种）

镂鹰铃

海豹皮

金、银

这份清单中最为显眼的就是包含了绢类及金属工艺美术品。镂鹰铃是携鹰狩猎时给鹰戴的铃铛，表面雕刻了花纹。朝霞绸和鱼牙绸的绸（同"绸"）是比较厚的绢。到了景文王九年（日本贞观十一年，869），贡品的品种虽然基本没有变，但是用于狩猎的鹰具有所增加，一种由绿松石或青金石制成的雕金镶嵌针筒"瑟瑟"被加入贡品名单。不能把镂鹰铃和"瑟瑟"解释为刻有鹰的器具，它们皆是携鹰狩猎时的鹰具。朝鲜半岛地区自古就会通过北方的草原丝绸之路与北亚和西亚地区进行交流，新罗也继承了这样的历史传统，在狩猎和骑马文化上发展极大，特别是狩猎工具，有着独特的设计和发展。

一般来说，869年的贡品被视作新罗工艺技术水准发展到一定阶段的产物，但并不仅仅只有这层意义。由于存世的史料不多，且多数没有将贡品的内容详细记录下来，只能推测新罗的贡品与日本不同，很有可能从更早以前就包含了具有朝鲜半岛特色的工艺美术品。当然，我们也可以假设其中同样包含来自其他地区的物品。

中国从日本进口的物产中正式开始出现工艺品要到宋代。唐末动乱之后，螺钿和漆工技艺在中国逐渐衰落，日本的螺钿装饰和莳绘[1]反而开始受到较高评价。到了这个时代，在唐代已经得到肯定的日本纸也逐渐变得有名起来。但纸毕竟只是一种简单加工而成的材料，这点和《延喜式》中记载的绢类在本质上没有多大差别。

献上粗加工品

简单做一下总结，日本向中国朝贡时得到认可的物品大多是作为基础材料的绢类和粗加工品。当时日本的确也有工艺品加工业，但并不像新罗那样将工艺品列入主要贡品之中。放在当时的情况下来看，日本的工艺品或许并没有受到来自中国的关注。

从实物角度来辅证这一观点的正是收藏于正仓院的东大寺传世和琴。琴身上有不少明治年间的修补，原本这把和琴装饰了螺钿和马赛克，琴身上还贴有南方产的紫檀和玳瑁，半透明的玳瑁装饰里侧绘有花纹，从表面看上去像是玻璃画一样。这是演奏日本本土音乐时使用的乐器，所以制作于日本国内这点毫无

1　日本的漆工艺之一。以金、银粉加入漆液中，在器物表面绘出华丽图案。

争议，从侧面证明了当时的日本也可以做出十分精细的工艺装饰。这把和琴的表面绘有金银花鸟，构图和笔法十分精美，但是上面的螺钿和马赛克镶嵌由于大多是后世修补，并不能算得上是工艺精妙。同样是乐器，它与第九章将要介绍的琵琶和阮咸相比，在精致和华美上有相当大的差距。这把和琴从制作工艺和材料来看，可以认为是当时日本工艺制品的最高峰。反过来说，就是这样的装饰工艺和材料已经是当时日本可以达到的极限了。

在朝贡体系当中，哪怕是日本国内产量稀少的物品，只要受贡方喜欢，将其加入贡品清单都是理所当然的事情。中国会向来朝贡的国家赐下比贡品更为高级的礼物也是再普通不过的常识。不过无论是哪个国家，就算再憧憬中华文化，获取朝贡的回赐也才是主要目的，当然为了迎合中国而继续朝贡这一面也不是没有。各国对贡品也是各自特别用心准备。日本是小国，仅有一些玛瑙、山茶油、金漆等算作特产。山茶油和金漆虽说中国并不是没有，但是在中国北方常绿阔叶林并不丰富的地区，山茶油这样的物品自然有它特别的价值。金漆是香椿树或吴茱萸五加树的树脂液，比起中国原产的要干得更快。

但是纵观整体，日本的朝贡贸易不得不说是用有货币价值的实物来换回赐。实际上我们很清楚，占日本贡品主要部分的绢类同样也可用来纳税，这些物品在日本国内可作为实物货币来使用。前面曾提到过，这也是对外贸易结算的方式之一。从这种角度来考虑的话，正仓院宝物中各式精美的手工制品都要考虑它们是进口而来的可能性。这类进口物品包括各种乐器、室内摆设、染织品和部分佛具等，是正仓院宝物中最有代表性的一部分。可以说奈良时代的天平文化正是在这些进口唐物的影响下发展壮大的。

那么这些进口物品的质量究竟如何？自 1970 年以来，中国也开启了多项大规模考古调查，各种精致优秀的唐代文物逐步在考古发掘工作中被发现。仔细观察这些发掘出的文物我们会惊叹，它们与正仓院宝物在形状和设计上有太多相似之处。例如在西安就出土了形状和设计与正仓院所藏球形香炉极为相似、但要小上许多的银质香炉[1]。在吐鲁番的一座古墓中则出土了与正仓院藏品极为相似的刺绣鞋子。

作为传世品，正仓院中的宝物保存状态良好，而我们要留心的是正仓院宝物中的精品在质量上也并不亚于中国出土的唐代文物。日本和中国在漫长的历史中长期相互交流，后世也有大量文化物品的交易和往来，但是从中世之后的大多数传世物

1　国内研究多称"银质香囊"。——编者注

中国西安何家村出土的银质香炉，直径仅 4.5 厘米，扣上后可随身携带

铜质香炉（正仓院宝物）

品来看，进口到日本的不一定就是当时中国核心文化的代表产物。具有代表性的例子是宋元画。日本没有北宋正统的宫廷绘画，到了南宋和元代也基本一样。室町时代在日本获得极高评价的南宋水墨画家牧溪，在中国获得的评价不过是二三流画家。与这种现象相反，正仓院宝物带给人们的是一种直通长安的强烈感觉。当然，能集中这么多珍宝有使者们认真挑选的功劳，但不能不说还有遣唐使这一国家级别的交往背景在给交易保驾护航。

稀少的金银器

我们不能忽视大唐和日本之间存在很大差异，比如说有关金银器的问题。在西安郊外的何家村出土了唐代金银器270余件，前文提到的银质小香炉也是其中之一。除此以外还有盘、杯、金属碗、壶、合子、铛、罐、有脚香炉等各样摆设和食器。从数量上来说银器更多一些，其中不乏带有装饰图案或是用镶嵌、部分镀金等工艺打造的精品，其豪华程度可见一斑。

发现这些金银器的何家村位于唐长安城里坊中兴化坊的位置，此处曾有唐代宗室李守礼的宅邸。李守礼乃唐高宗之孙，章怀太子李贤的次子。755年安史之乱爆发时，李守礼已经死去，所以何家村出土的文物有可能是埋藏在李守礼家中的财宝。[1] 可以推测这些出土金银器是唐代贵族的日常用品。这一点与献给东大寺并收入正仓院的宝物多为圣武天皇的心爱之物倒是有异曲同工之妙。以金银器数量闻名的是最近发现的[2]陕西法门寺遗址。法门寺中有一座专门收藏唐懿宗等人所捐献的宝物的地宫，从中不仅出土了玻璃容器、陶瓷、染织品等，还发现了金银器121件。本书撰写时尚未正式公布考古发掘报告。[3] 出土文物中有一些时代较早的玻璃容器，但主要以9世纪的文物为主，与以8世纪宝物为主的正仓院确有不同之处。不过，从收藏宝物的缘由来说，比起何家村出土文物，正仓院宝物要更接近法门寺地宫文物。

但是，正仓院的收藏中几乎看不到金器，为数不多的银器就只有本章开头提到的银质大皿、称德天皇捐献的银壶、球形的银质香炉和几个小皿等。有读者读到这里或许会问，千年岁月

1　随着何家村金银器相关研究的不断推进，该结论已基本被否定。详细研究进展可参考齐东方、申秦雁著，《花舞大唐春：何家村遗宝精粹》，文物出版社，2003。

2　本书首次出版于1988年。——编者注

3　现已正式出版，陕西省考古研究院、法门寺博物馆、宝鸡市文物局、扶风县博物馆编著，《法门寺考古发掘报告》，文物出版社，2007。——编者注

中，包含银器在内，会不会有大量宝物流失在外？的确，在《延喜式》的记载中，天皇应使用银食器与银酒器等，但实际上正仓院中更多的是白铜或是表面镀金的金铜器，还有漆器和陶器等，纯金器几乎没有。实际上《延喜式》是以8世纪以后的内容为主的，可以推测奈良时代的日本宫廷在金银器的使用上其实相当简朴。

正仓院中从最开始就没有太多金银器物。从天平胜宝八年六月第一次捐献开始，共有5份东大寺宝物捐献名录传世，遍寻其中，不光找不到金器的记载，连银器的记载都很少。与此形成对照的是，在遥远的大唐首都长安一处皇族旧宅的遗址中出土了270余件金银器。《安禄山事迹》和《杨太真外传》等描写唐代宫廷风俗的小说中，经常有金银质地的饮食器和摆设登场，恰巧说明了李守礼宅邸的遗物和法门寺地宫宝物并非特殊例子。

在金银器的使用上，日本和大唐之间有着非常大的差别，而这样的差别，可以认为是中日两国在器具趣味取向上的不同导致的。但是对无论何时都以大唐文化为理想模范，凡事皆热衷效仿大唐的奈良朝廷来说，无法大量使用金银器，更为实际的原因可能是国家经济。

进口黄金

据说古代日本长期从朝鲜半岛进口金银等金属，《日本书纪》中对新罗的描写也是"金银之国"（《日本书纪·神功皇后纪》）。日本国内虽有对马岛的银山，但是对马初次产银已是天武天皇三年（674）。日本国内出产黄金则是从天平感宝元年（749）陆奥地区献上沙金开始的，当时即将建造完成的东大寺卢舍那大佛正是用了这批沙金提纯出的黄金镀的金，这件事在当时极为有名。

从《东大寺要录》等记载来看，为了给大佛镀金，朝廷在筹集黄金上费尽心力，甚至考虑过派遣唐使从大唐进口黄金。虽然这很有可能只是民间传说，但却不能否认当时筹备黄金的困窘，特别是在天平十八年（746）正月确实任命了新的遣唐使。这次派遣虽然在正史上几乎没有留下任何史料，也不知究竟是何时被取消，但是在正仓院所藏的东大寺写经所文书中，留有这一年正月七日"召大唐使"的记载。从行文来看，"召大唐使"可以理解为"召大唐来使"，但这个时期并没有来自大唐的使节滞留日本，而遣唐使在日本也被称为"大唐使"，"召"可以理解为任命的意思，所以这份记载可以视作曾任命遣唐使的证据。写经所的官吏也有被任命为遣唐使的旧例，所以这份文书收在此处很有可能是这层原因。《怀风藻》中的《石上乙麻吕传》提到，知名文人石上乙麻吕曾在天平年间一度被任命为遣唐使，但最终却没有出使。这应该就是天平十八年这次"消失了"的遣唐使派遣。东大寺建造大佛正好就是天平十九年的事情。遣唐使从任命到派遣至大唐一般需要一到两年时间，回到日本还要花费更多时间。天平十八年的这次遣唐使派遣虽以筹集黄金为主要目的之一，考虑到建造大佛的时间，实际上准备时间并不是很紧张。在筹备过程中日本国内或是发现了黄金产地，或是还有其他没有言明的原因，使得这次派遣最终被取消。不管怎么说，这个时期为了筹集黄金而专门派出遣唐使并不是什么不可思议的事情。第二章中752年与新罗使交易的文书中也提到了黄金进口。由此可见，黄金是一种需要进口的材料。对于当时金银匮乏的日本来说，可以想象进口金银器更是无法随心所欲的事情。

到了平安时代，天历四年（950）仁和寺将财产目录整理并制成了《仁和寺御室御物实录》。宇多法皇[1]手中的财宝在他死后进入仁和寺成为寺宝，而这份实录主要就是对这类财宝的整理和

1　天皇退位出家后称法皇。

记录，其中不乏纯金的小佛像和金银制的佛具等。由此可见，金银文化在日本逐渐发展渗透晚于平安时代前期。从这一点上我认为可以看出天平时代中日文化水准的发展和不同之处。

第四章

制作三彩的人们

三彩钵

（正仓院宝物）

二彩陶器与三彩陶器

"究竟是国产还是进口？"存在争议的正仓院宝物里，可以完全确定为日本产的物品之一是二彩、三彩陶器。

二彩是指透明釉和绿釉并用的陶器，在此之上添加黄釉的就是三彩。透明釉能使白地透出白色，这也算是一彩。一般我们说的正仓院三彩陶器或是奈良三彩陶器，是当时日本产的绿釉及三彩陶器的总称。像这样施釉的陶器在当时被称为"瓷器"，主要用于佛事，留下过将正月十五的七草粥放入"瓷钵"供于东大寺大佛前的记载。东大寺的这类佛事用具也大量留藏于正仓院。

这类被称为正仓院三彩的陶器，乍看与中国产的"唐三彩"十分相似。唐三彩在唐代以前的 6 世纪下半叶就已开始烧制，

570 年建造的北齐娄睿墓中出土的三彩陶器被认为是现存最早的实物。20 世纪初期，在中国洛阳附近经常发现唐代的三彩陶器或是三彩陶俑，由于绝大多数都是从墓葬中出土，一开始主流意见认为三彩仅是陪葬的明器。近年来，伴随扬州等地街市遗址考古发掘中三彩陶器的出土，三彩曾是现实生活用品的学术观点逐渐得到承认。三彩原本是在 600 度至 1000 度的低温烧制环境下烧出的十分脆弱的陶器，正仓院三彩在为烧制好的素陶施釉时，是以弥补这种脆弱为目的，而非为了装饰，所以它应该是作为实用器烧制出来的，并非明器。

三彩进口说的否定

现在日本发现的三彩陶器，年代最早的是出土自神龟六年（729）前后建造的小治田安万侣墓（奈良县都祁村）的三彩陶器碎片。大唐流行的三彩陶器被进口到日本并对日本的陶器产生了影响是不奇怪的。关于正仓院藏三彩陶器的产地，一开始认为是大唐，但现在这种看法已经完全被否定。

早在昭和 37 年（1962）至昭和 39 年（1964），支持国产说的小山富士夫就已带领团队对正仓院陶器进行了调查研究，并取得了三彩陶器为日本国产的证据。证据有以下几点：第一，施釉前的土坯通过观察成型痕迹可判明皆是使用向右旋转的陶轮制成的，而中国使用的陶轮皆是向左旋转。第二，在施釉方法上，唐三彩是先在白土坯上施透明釉，再点上绿、黄、蓝釉，制成后这些有色釉会融合并呈现流动的状态，十分美丽。正仓院的三彩虽然也同样使用透明釉和彩色釉（没有蓝色），但在陶器上施釉时基本采取分别涂抹的方法，无法具备唐三彩那样釉色流动的美感，所以二者在给人的印象上有着极大的不同。

此外，在器型这个问题上，唐三彩的样式丰富，几乎可以烧制当时所有的器型；正仓院三彩则逊色许多，器型基本采用日本本土的须惠器[1]造型，种类也少。此外考虑到明器唐三彩模型数量繁多，这点与日本国产的三彩也有着极大的差异。在细节工艺上，唐三彩多可见贴塑工艺，而正仓院三彩上则完全看不到这种烧制技艺。此外，由于正仓院三彩使用的釉药中添加的青绿彩研磨不够均匀，烧制出的三彩制品大多有四散的细小黑点这一特征。无论从哪一点上来说，正仓院三彩都不是可以和唐三彩类比的东西。但是读者可能还会有另一个疑问：这些会不会是从大唐

1　日本古坟时代中后期至奈良时代的陶器，造型简单古朴。

唐三彩瓶（东京国立博物馆藏）
瓶身上的图案是单独制作后
贴上去的

以外其他国家或地区进口的呢？这点其实没必要过多考虑，因为
当时与日本有交流的仅有朝鲜半岛的新罗和现今中国东北部地区
的渤海，这些地区出土的三彩制品从特点上明显与大唐和日本的
不同。

　　正仓院三彩国产说的另一佐证是正仓院所藏古文书中有制
作施釉陶器的记载。天平六年，光明皇后发愿在兴福寺修建西
金堂，这次营造活动的账目（《造佛所作物帐》）有一部分被保
留下来，其中就有提及制作"瓷坯（杯）"用土的具体记载。文

书内容是有 5 辆车装载了重 2050 斤（约合今 459 千克）的土自"肩野"（现大阪府交野市）运往奈良。本章开头提到过，古代日本把施了釉的陶器皆称为"瓷器"，此处的"瓷坯"就是施了釉的陶杯。对前述通过调查研究得出的正仓院三彩国产说来讲，这份古文书的意义非比寻常，是当时日本烧制施釉"瓷器"的重要佐证。

制作技术上的差别

在热衷效仿唐文化的奈良时代，日本当然也从大唐进口了唐三彩。奈良的大安寺遗址就出土了大量三彩陶枕碎片。此外，在福冈县的冲之岛和濑户内海的大飞岛等各处祈祷出海安全的祭祀遗迹中，也发现了作为供品的唐三彩器物的碎片。从这样的需求量上来说，日本国内出现仿制品并不是什么稀罕事。但有一个非常重要的事实是，正仓院三彩和唐三彩之间天差地别。以仿制为由为正仓院三彩开脱并不是什么光彩的事情。二者之间的差别也并不是完全不能从技术上解决，如果让大唐的工匠来指点日本烧制三彩，也许是会有所不同的。我们再看一遍前面总结的二者的区别，这不仅仅是器物造型的差异，更是根本技术上的问题，也就是器坯的制作方式、釉药的调和与施釉工艺等方面的差别。这个问题只要大唐的工匠来日本指导制作就可以解决。换言之，唐三彩和正仓院三彩最大的差异在工匠技术。

鱼子纹錾花工艺

因为工匠的技术水平不同，造成器物制作水平差异巨大的还有其他例子，金工艺品上用錾花工艺制作的鱼子纹就是其中的典型。唐制的金工艺品大多会在图案间填充一种小圆点状的錾花装饰，是使用头部有圆形凸起的錾子敲击出来的，因为形似鱼子，被称为鱼子纹。但在日本保存下来的鱼子纹金工艺品中，简单靠肉眼辨别可以分出鱼子纹密集均匀的和相对较分散不均匀的两种。中野政树通过比较两者提出一个颇有意思的见解，他认为鱼子纹分布紧密的金工艺品是唐制，而相对分散不均匀的则可能是日本或新罗制品。的确，这些金工艺品在细节上优劣一目了然，如果拿白鹤美术馆所藏的唐代鎏金银杯和长谷寺所藏的法华说相图铜板来比较更是高下立见。长谷寺的这块铜板是为天武天皇祈祷所铸，又有"戌年"（应为 686 年）字样的铭文，所以这块铜板毫无疑问是铸造于日本本土。

从制作工艺优劣的角度来分析有鱼子纹的金工艺品可以发现，大唐的金工艺品中没有鱼子图案分散不匀的情况。不过中国的金工艺品如果制作时间上溯到北魏的话，也存在如金铜佛（根津美术馆藏释迦多宝二佛并坐像等）这样鱼子图案分布不匀的个例。可以说很久以前的确存在制作工艺不良的情况，但到了唐代，制作工艺已经相当成熟，不存在鱼子錾花分散不匀的可能。此外，唐代的金工艺品在设计风格上模仿了西亚的金银器，而西亚的金银器上也有密集均匀的鱼子图案，可以说唐代流行的鱼子纹追根溯源来自西亚。

那么只根据这样的特征就可以判断鱼子图案精致的金工艺品是唐制，做工粗糙的就都是日本制或新罗制吗？这显然是很难的，中野也认为需要对每件金工艺品进行具体分析，我也尊重他的见解和推论。但我认为通过鱼子纹的做工来初步判断器物是否为唐制是一个极为有效的方法。

正仓院南仓所藏的巨大银壶就是通过鱼子纹被鉴定为唐制的。这对银壶是称德天皇在行幸东大寺时捐献给寺中的器物，重约 42 千克，表面刻有贵族狩猎时的样子，雕刻十分精美。因壶底刻有"天平神护三年二月四日"的铭文，过去一直被认为是在日本制造

唐代银杯（白鹤美术馆藏）
杯上有鎏金的狩猎图

法华说相图铜板（长谷寺藏）
吹笛天人

银壶上的图案（正仓院宝物）
现今依然留有鲜艳的银色

的。但是填补图案间隙的<u>鱼子纹</u>錾工十分细密精致，中野从鱼子纹的錾工和打磨器面时所用陶轮为左向旋转这两点，开始怀疑这对银壶是从唐而来的舶来品。壶底除了刚才提到的刻铭外，还发现了磨去原本刻铭的痕迹。也就是说，是舶来的银壶被磨掉壶底的刻铭后，又被刻上日本的铭文并献于东大寺。

鱼子纹分布不匀的金工艺品在判断上多少就麻烦一些。法华说相图铜板是7世纪制品，但到了8世纪，日本的金工艺品制作技术仍没有显著提高。从东大寺大佛的基座中发现的小银壶就是一个力证。但不仅是日本，同时代的新罗也有同样的问题。新罗首都庆州的雁鸭池出土的烛花剪，握手上刻有唐草纹样，空白部分则遍布鱼子纹，在制作工艺上和日本的金工艺品有诸多相似之处。和前文中提到的唐制金工艺品比较起来，它是非唐制这点一目了然，但说是日本制却也不完全是。不过过去那些被认为是日本制的金工艺品并不是仅靠鱼子纹的錾花工艺这一项条件来判断的，这些只能说明唐与日本之间在工艺技法上相差悬殊。这种悬殊主要表现在錾子的使用方法上，这和前述制作三彩陶器的情况又颇为相同，即若是当时技术工匠之间可以直接交流和指导的话，这些问题早就可以解决了。

文化的输入和模仿

如此看来，奈良时代唐风文化的兴盛依靠的是物品的进口和仿制，技术的传播和交流并没有那么多。依据常识，日本古代文化的发展是因为渡来人带来了技术，因此是否曾有人携带技术自唐渡海而来这点自然成了疑问。事实上，只有一部分人注意到尽

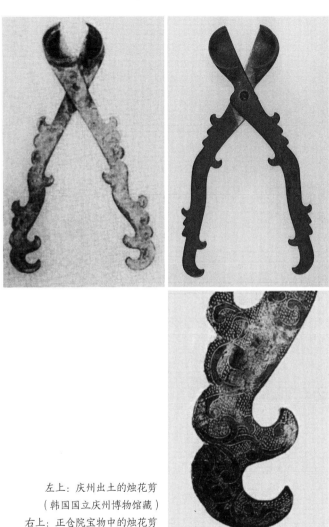

左上：庆州出土的烛花剪
（韩国国立庆州博物馆藏）
右上：正仓院宝物中的烛花剪
下：左上图烛花剪的局部

管唐和新罗之间有着非常广泛的交流，但 8 世纪来到日本的唐人却并不多。这一点从在日本青史留名的唐人非常少这个事实上可以推测出来。能够从正面证明这一点的则是《续日本纪》中的一段记载。

天平神护二年（766）年七月，一个名叫昆解宫成的人将一块出自丹波国（今京都府）天田郡的矿物献给了朝廷。这块矿物乍看如同白镴，又似铅块，不知到底为何物。朝廷令铸工和昆解宫成一同冶炼这块矿物，却什么都没炼出来。但昆解坚称这就是块白镴，并不服软，旁人也没有能明确否定他的。此后的记载里可以看到昆解宫成因铸造有功甚至升至外从五位下［神护景云二年（768）十月二十七日］。近 10 年后的宝龟八年（777），日本又一次派出遣唐使，任遣唐使判官的羽栗翼带着这块未能解决的矿物来到大唐，向大唐的铸造工匠请教。羽栗翼乃当年阿倍仲麻吕赴唐时的随从羽栗子吉麻吕和唐女所生之子，是一位精通药学和历法、博学多识的人才。羽栗翼在遣唐使船登陆地附近的扬州城内找了唐人铸造工匠询问那块未解的金属，得到这样的回答：

是钝隐也。此间私铸滥钱者，时或用之。

"钝隐"一词的来历没有明确的说法，查遍古今辞典也没有找到这个词，应是唐人工匠之间的口头用语。

我认为解读这个词可以从古代日语的读音下手。古代日语里"钝"和"隐"都读作"ナバル（nabaru）"。《万叶集》中，对现今三重县的地名名张（nabari）就使用了一个"隐"字。古辞典《和名类聚抄》中，"钝"的训读音为"ナマリ（namari）"。バ（ba）行和マ（ma）行的音节在发音中存在互相替换的现象，因此"ナバリ（nabari）"也可以读成"ナマリ（namari）"。"钝隐"一词的训读音仅有"ナバリ（nabari）"和"ナマリ（namari）"两种。日本自古便将矿物"铅"读作"ナマリ（namari）"，目前可以确认这个读音的最早的文献是10世纪初的《本草和名》，这本书中铅的读音很有可能正是源自"钝隐"一词的训读音。"钝隐"一词可能在这件事之前就已经为日本人所熟知。

总之，扬州的工匠告诉羽栗翼他带来的矿物是铅块。献上铅块的昆解宫成在知道铅比锡价格便宜许多的情况下，向朝廷进献了混有少许锡的铅块，犯了欺君大罪。

意料外较少的交流

话题回到羽栗翼携带未知矿物入唐这件事上。告知羽栗翼那块未知的矿物是铅块的人肯定是唐的熟练铸工。扬州这块土地自古以来就以铜镜铸造等工艺而闻名，羽栗翼和铸工的故事从侧面透露出当时以铸工为首的各行业工匠其实和日本往来并不密切，所以技术上的交流仅能在有限的机会中实现。"在古代，日本和外国的交流非常多"一直以来被认为是常识，现在我们需要反思一下这个说法的真实性了。

现存的《唐律·卫禁律》第三十条、第三十一条与复原的《唐令·关市令》中严格规定了唐人出入国境的条件和与外国贸易的要求。唐人不得擅自穿越国境关卡，禁止和外国人私下交易，尤其严禁携带兵器、绢织物、贵金属等违禁品出国。此外，和外国人结婚的女性也不允许出国。

正因如此，计划东渡日本的鉴真一行人不得不在数年间多次尝试秘密出国。天平胜宝六年（唐天宝十三年，754）他们东渡成功，但这一次遣唐使的请求并没有获得大唐的同意，鉴真的东渡实际上是偷渡。

至于从日本出国的条款，很遗憾，因为律法条文部分已佚，具体内容有不明之处。不过，最近的相关研究明确了私自出国触犯了律法里的"反逆罪"，会严罚。一般认为日本到了10世纪才在动荡的东亚环境中选择了锁国路线，限制国人与外国往来，但实际上在律令制度中早已存在对出入境的严格限制。

那么，什么是渡来人，他们又是怎样一个群体？首先我们需要注意，渡来人赴日有三次比较明显的浪潮。至今为止的研究已经探明了渡来人大量赴日的3次时间分别是4世纪末、5世纪下半叶和7世纪下半叶。在形式上被赋予了"归化""贡上"等标签的跨海移民行为大半是当时的政局和战争逼迫民众不得不做出的选择，还有一部分是朝鲜半岛的当政者搞出来的外交战略的一环。一旦东亚的政局恢复稳定，跨海移民的浪潮也自然退去。

从中国和朝鲜跨海移民的高峰再次出现是奈良时代后期，这恰巧也正是中国和朝鲜的中央集权都被弱化的时期。此后因宋朝表现出十分热衷海上贸易的态度，东亚三国之间的交流出现了一些微小的变化。正式往来通航制度的制定和完善要到宋代以后，但包括高丽在内，其实与制度确立前的情况没有太大差异。

渡来人的职责

总之，7世纪末确立的以唐为中心的国际秩序，使得中国与朝鲜都严格限制离境，自日本而来的自由通航也不得不接受相应限制。特别是制作工艺美术品和兵器的工匠更是受到了严格控制。以中国为发源地的技术含量较高的绢织物生产、造纸与制陶等，尽管在传播上确实有需要相当长的时间等许多条件上的障碍，但难以传播的根本原因还是中国对这类技术的保密。使用这些技术生产出来的高级产品在中国历朝历代与周边诸国的朝贡贸易中占了主要部分，拿到现代来说可以比作尖端技术。防止这类技术流向外国是自然的，而拥有技术的工匠流向国外同样被高度警惕。像日本这样没有受大唐册封的国家，在出入境上受到严重限制，也很难获得有利本国的待遇。

鉴真一行人中有包括佛像雕刻师在内的工匠这一点之所以有名，正是因为"东渡"有秘密出境这一特殊背景。现存的实例也可以证明这一情况。东大寺大佛基座下的线刻图案是典型的唐代风格，但指挥建造东大寺大佛的既不是唐人也不是入唐留学生，而是百济渡来人的子孙国中连公麻吕。公麻吕的祖父是百济的贵族国骨富，在百济灭亡后移居日本。此外还有一个例子是平城京的营造。长久以来，平城京被认为是模仿唐代长安城修建，但近年的研究逐渐开始重视平城京与中国南北朝时期的都城在规划上的关联。平城京在规划中使用的标准尺最近也被确定是朝鲜半岛的高丽尺（1高丽尺约为36厘米）。因此我们不能简单直白地说平城宫和平城京就是按照唐朝标准修建的，但也不能否定二者在建造理念上仍是以唐代都城为目标的。从史书记载来推测，造平城京司的大匠是坂上忌寸忍熊，他出身早年间东渡日本的倭汉氏一族。在营造平城京的过程中，坂上忌寸忍熊也表现出了一副采用过去传入的技术来创新的姿态。

当然并不是所有领域都存在上述问题，拥有自唐东渡的道荣、道璿、鉴真及一众门徒的佛教界就要幸运得多。还有将唐人俘虏萨弘格与自唐东渡的袁晋卿安排为"音博士"的中国音韵学也有新的发展。但是，除了鉴真这个在唐已经是知名高僧的特例以外，无论是在佛教还是学问领域，渡海来日的人中都没有著名僧侣或是学者。特别是儒教和文学，更广义上来说是中国学这方面，没有任何一位名人东渡日本。依据当时占中国统治地位的思想，不会有知名人士愿意冒着风险到日本这个蛮夷小国来传播知识。

挑战新技术

综合前文提到的日本当时的困难，可以深刻认识到在技术的传播和模仿学习等问题上，"留学"所背负的责任是何等重大。在制作三彩上，留学归国的玉生们应该做了很大的贡献。玉生是《延喜式》中"大藏省"一节规定的遣唐使团队里的一类人员，虽然《延喜式》成书于10世纪，当时已停止派遣遣唐使，但还是可以认为其中的相关规定是继承了8世纪的要求。规定中还有锻生、铸生、细工生等，在日本的律令制度中，"某某生"是指跟随师傅学习学问和技艺的学生。玉生的"玉"字在此处并不是指宝玉或玉石，而是特指和铅玻璃（参考第一章）成分相同的釉药。《续日本纪》中有覆了"玉瓦"的平城宫"玉殿"的记载，通过分析可以得知这个建筑物应该是一座覆了绿釉瓦（琉璃瓦）的宫殿。此外，天平六年兴福寺西金堂营造文书（《造佛所作物帐》）中将制作玻璃球记作"玉作"。遣唐使团队中的"玉生"，应该就是入唐后向大唐工匠学习制作铅玻璃等技术的要员。

在其他领域也有将飞鸟时代以来的技术继续发扬并挑战和创新的情况。和铜六年（713）十一月，一个叫桉作磨心的人因为织出了非常漂亮的锦绫，被赐予柏原村主[1]之名并破格升至从五位下，一跃成了有名的人物。磨心是渡来人出身的工匠，能得到如此殊荣应该是在织布技术上有了新的成就。当年六月，又有一个叫支半于刀的人和一个叫刀母离余叡色奈的人，因为成功染出了由深浅颜色组合而成的纹样而受到嘉奖。从名字来看，这两个人应该不是唐人或唐人后裔，更像是朝鲜半岛出身的渡来人。

在以正仓院三彩为首的唐风工艺品背后，隐藏着大量早年间来到日本的渡来人工匠不为人知的辛劳。一般来说在 10 世纪后，那些唐文化积累被日本人消化和吸收，并在此基础上开始形成具有日本特色的新文化。但是这并不可能在 10 世纪前后一夕之间突然发生，8 世纪的日本人已经开始为后世的发展做着先人该做的努力了。

---

1 柏原是古代日本以大和国葛上郡柏原乡为聚居点的氏族名称，其中被赐予"村主"这一姓的"柏原村主"相传是来自中国的渡来人后代。

第五章

香木的旅程

香木上的刻铭

（东京国立博物馆藏，N-113）

名香"兰奢待"

　　参观过正仓院展的人基本都会首肯的一点，是正仓院宝物大致都很质朴，有些展出的藏品甚至会让人疑惑"为什么这也是正仓院宝物"。正仓院的特色正是将那些本来不太可能传世的物品作为宝物保存下来，这里的"宝物"二字，更多的是强调它们的稀有和珍贵。

　　藏品中的黄熟香和全浅香是香木界的名品。黄熟香长 156厘米，重 11.6 千克，全浅香长 105 厘米，重 16.65 千克，二者直径均在 30 厘米至 40 厘米之间，看起来十分像是被冲到岸边的浮木。实际上在捐献品目录《国家珍宝帐》中就有关于全浅香等香木的记载，都是非常有来头的正仓院宝物。这些香木如今虽然不是热门展品，但是它们作为正仓院宝物而扬名的历史，却比其他宝物要古老得多。特别是别名"兰奢待"的黄熟香，自中世以来作为名香中的极品，名震天下。"兰奢待"之名来自"兰（蘭）奢待"三字中暗藏"东（東）大寺"的雅意。黄熟香和全浅香换成我们今日熟知的香木名称就是沉香。镰仓时代后，日本开始流行焚香及闻香。在正仓院几乎不被重视的中世，兰奢待等香木却突然一下子出名，也不能说与当时的这种流行趋势毫无关系。

佛教与香木的关系

像这样大块的沉香木为什么会留在正仓院中？

沉香的产地古今如一，始终是亚洲的热带地区，包括中南半岛、印度尼西亚及印度。沉香木并不是某类木材，而是指一种瑞香科树木身上含有树脂和精油的部分。含有大量树脂的沉香木与它如同浮木一般的外观并不相同，会由于过重而直接沉入水底。在中国，自古以来将这种会沉入水底的香木称为沉香，把含树脂精油较少、可以浮在水面上的香木称为浅香。质量上乘的沉香稀少珍贵，价值连城。即便现在，银座等地的香具店里还是经常可见陈列着上百万日元的沉香木。自古以来，沉香木就价格昂贵，

黄熟香（正仓院宝物）
上有足利义政、织田信长、明治天皇等人切木取香后留下的纸条

十分受到推崇。

　　古代能有这样高价的香木来到日本，与中国文化的输入有着密不可分的关系，其中直接与香木有关的当属佛教。可以说飞鸟时代以前的日本，并不存在一个能够大量使用香料的文化环境，但是佛教的东传改变了日本原有的情况。佛教原本是诞生在热带地区的宗教，在当地的佛事中频繁使用香料供养是非常普通的事情。《法华经》也好，净土三经也罢，无论打开哪本佛经，里面都会出现旃檀和其他香名，还会有烧香、熏香、涂香等使用香的方法，光是分辨就需要花上一番精力。《日本书纪》天智天皇十年（671）十月的记载中提到，天皇向法兴寺（飞鸟寺）捐献了象牙和沉水香（沉香）、旃檀香（白檀）等物品。这是日本古代文献中最早关于香木名称的记载，而这条记

载与佛教有关是不无道理的。也是因为佛教和香木联系密切，古代日本的寺院中储备了大量依靠捐赠或购买得来的沉香及其他香料。有数份奈良时代至平安时代的寺院"资财帐"，即寺院的财产目录流传至今，其中一份写于天平十九年（747）的"法隆寺资财帐"中，有沉香总计884两之多，换算成现代单位多达198千克。

当然，寺院以外香料也有市场需求。前文中提过，贵族们的生活也因为受到中国的宫廷文化影响，无处不见香料的影子。此外，香料作为药品也是不可缺少的。综合以上几点可以得知，古代日本是一个在香料上对进口有极强依赖性的国家。

香木的旅程

正仓院的兰奢待原本也是东大寺的香木。虽然不像全浅香一般有明确的传承记录，但应与"资财帐"上记录的其他香料大致无异。兰奢待和全浅香在进口到日本、进入东大寺仓库之前，应该都经历了漫长的旅途。这不禁让人思考，这些香木的赴日旅程究竟是什么样子。关于这个问题，最近又在令人意想不到的地方有新发现。

这个新发现倒不是直接和正仓院宝物有关，而是在法隆寺所藏的白檀木上找到了一些可以追寻香木进口之旅的线索。接受调查研究的白檀木有两件，这组白檀中世之后被称为"太子"，与东大寺的兰奢待和全浅香（红沉香）齐名，被奉为天下名香之一。明治时代初期，这组白檀由法隆寺进献给了皇室，现作为通称"法隆寺献纳宝物"的一部分，保存在东京国立博物馆。这两块白檀皆为长 60 厘米左右的圆木，表面有数处墨书，能辨明有"字五年三月""天应二年""延历廿年"等纪年。"字五年"这种字样在正仓院宝物的铭文中也可见，指的是天平宝字五年（761），证明这块白檀木被收入法隆寺的时间几乎与正仓院宝物相同。白檀也是亚洲热带地区所产的香木之一，有名的产地有印度和印度尼西亚等。可以说，这组白檀也走过了相当漫长的进口之路。

从前我就认为，这组白檀上的刻铭和烙印可能是探寻香木进口链一个非常重要的线索。该刻铭和烙印自江户时代便被人知晓，不过在很长一段时间中，并没有人解读出它的含义。刻铭刻在白檀木靠近边缘的部分，本章篇章页配图上的刻铭正是拍自实物，总长约 20 厘米，刻痕十分深邃。比较两块白檀木上的刻铭，尽管因为雕刻手法和力度的影响，细节上有些许不同，但总体都是较为粗犷的风格，而内容可以认为是相同的文字。烙印烫在这个刻铭附近，两块木材上的印记都只有部分，但是合在一起恰巧能组成一个完整的印记。刻铭也好，印记也罢，都很明显能看出不是汉字。那么是否可以假设这些仿佛是文字的密码与香木产地和进口路线之间有一定联系呢？幸运的是，在我有幸担任法隆寺献纳宝物调查研究项目的客座研究员时，负责人奥村秀雄曾问我"该从哪一项着手"，当时我最大的心愿就是先研究这几块香木。但即便看到了实物，也不是马上就能有关于烙印和刻铭的研究线索，甚至连烙印和刻铭的正反都无法判断。这次对白檀木的研究只明确了一点，

白檀香木（东京国立博物馆藏，N-112）

香木的烙印（N-112），右图为两块木材上的烙印合并后整理而成的完整印记

那就是江户时代的学者穗井田忠友在《观古杂帖》中的介绍十分准确。

波斯钱币

一个意外的机会，我找到了破解这个密码的线索。我在大阪的一家旧书店中发现了一本研究波斯萨珊王朝钱币的书籍，打开翻看了几页，没想到配图中出现了与刻铭十分相似的文字。将白檀木上的刻铭按照本章篇章页配图那个角度和位置进行比对的话，不知名的文字与萨珊王朝的巴列维文十分相似，像我这种门外汉也能对照着书中所给图例转写为字母。波斯萨珊王朝的银币在古代西域地区的贸易交流中使用频繁，中国唐代的遗迹中也出土过不少。作为当时东西交流的重要证据之一，我也对其十分感兴趣，但是大部分相关照片很难搞清楚货币上的文字。在旧书店见到的这本联邦德国出版的研究著作上却恰巧有关于波斯货币上文字的图例，着实方便。

还有一个幸运之处是这本书研究的货币准确来说应该是萨珊王朝灭亡后，伊朗当地人依照萨珊时代的标准铸造的。也就是说，这个时期货币上的铭文，尽管使用的依旧是巴列维文，但采用了 7 世纪以后的新字形，这点与白檀木的刻铭是相同的。

解读刻铭

通过前述这个偶然的发现，我找到了解读刻铭的线索。于是我邀请了上冈弘二、熊本裕、吉田丰三位伊朗及中亚语言的专家来解读，最终得到了如下回答。

首先可以确定的是白檀木上类似文字的刻铭的确是巴列维

文。巴列维文是古代波斯使用的文字，3世纪至7世纪中叶统治着伊朗的萨珊王朝使用的正是这种文字。在萨珊王朝被伊斯兰势力灭亡后超过一个世纪，巴列维文在该地区依旧被广泛使用。和阿拉伯文一样，巴列维文也是从右向左横着写，白檀上所刻的字体约为7世纪至8世纪使用，内容是"bwhtwdy"（音：波夫托伊），应该是一个人名。

除此以外，这次研究还带来了我完全没有想到的意外收获，那就是专家们在解读了烙印文字后告诉我，他们认为这是粟特文字。烙印上的文字写作"nym-syr"，"nym"是"二分之一"，"syr"则是重量，也是一种货币单位。粟特语是以中亚的撒马尔罕地区为主要据点的粟特人所使用的语言和文字，横向和纵向书写均可，横向书写的时候自右向左，而纵向书写时则正好相反，自左向右。从这个烙印图案的构成比例来看，内容为纵向书写，并在下部用十字纹进行了装饰。至此，白檀木上神秘的文字已经得到完全解读。还要再说的话，那就是无论是巴列维文还是粟特文，在古代都已传至中国，中亚地区和西安都发现过使用这两种语言撰写的金石铭文和文书。但是在日本，来自中亚之物且不论20世纪才流入的，就是古代流入的也几乎不为人所知。纵观全球，目前据我所知也不存在和这两块白檀木一样携带有这些信息的例子。这让人更不得不对这两块白檀木产生好奇，好奇为什么上面会有巴列维文的刻铭和粟特文的烙印。

价格和货主

我认为这些异域文字和前面提到的香木的进口之旅并不是毫无关系的。烙印文字所包含的事务性意义十分明显，这个粟特文字不是表示重量就是表示价格的，但由于两块重量不同的白檀木上印有同样的文字，所以很难断定这个粟特文字标明的就是重量。像这类香木哪怕今日也是以千克为单位来进行标价的，江户时代的定价方法也是"香木一勾价值银钱几许"。9世纪至10世纪由伊斯兰商人撰写的《中国印度见闻录》中也有沉香和龙脑等香料根据重量论价的记载，这种古老的计价法可以从中窥见一斑。所以我们可以推测烙印是用来表示白檀木价格的信息。

由于香木是消耗品，像烙印这种记录在香木上的信息，后世没有留下类似的例子并不奇怪。《中国印度见闻录》中也记录了商人在印度看到的给沉香打烙印的见闻。直到今日，印度出口的

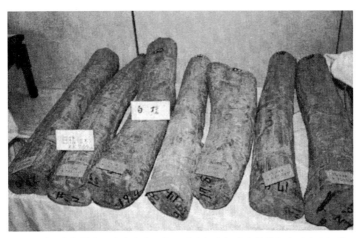

现代的进口白檀原木，产自印度，断口处有相应邦政府的刻印（图片由伊藤敏雄提供）

白檀原木上依然有与古代烙印十分类似的邦政府刻印。可以说，在白檀原木上打烙印绝不是什么特殊举措。

　　烙印的谜题解开后就剩下刻铭这部分了。根据前文对刻铭文字的推测，这应该是商人或货主的名字。实际上在公开发表这块白檀木的研究结果的时候，学界也有人提出了不同观点，认为这个刻铭并非人名，而应该另外解释为"救世主""你将被拯救"等。但事实上无论哪一个民族，如果将含有多重意义的人名分开来解释的话，都能得到更为深刻的解读。例如"武男"这个名字，如果解释成"勇武强壮的男人"就有些解释过度的味道在里面。刻铭的这个词语若是作为人名过于牵强也就算了，但实际上并非如此。

事实上这款刻铭刻在两块白檀木几乎同样的位置上，文字的朝向也一致，可以推测当年应该是在相当多同款香木几乎同样的位置刻下了同一个刻铭。这种机械式的刻字方式，或许也在提示我们这批白檀木交易中一些不可忽略的要素。

陆上旅程

那么，从这些刻铭和烙印中推测出的香木的进口之旅究竟是什么样子呢？首先可以想到，路线上是自原产地亚洲热带地区出发，经伊朗和中亚广袤的沙漠地区，最终到达中国境内。在这条路线中，白檀木在伊朗被刻上货主的名字，在去往中国的途中被打上粟特文字的烙印。进入大唐之后，这批货通过遣唐使、新罗使或遣新罗使的努力最终被带到日本。但是这个推测也有令人难解之处，例如为什么要从原产地先将货运到伊朗，再从中亚走丝绸之路进入中国？这种做法让人感到多此一举，最有效简单的方式当然是从原产地走海运直接将货运到中国才对。经中亚的路线不是说走不了，但不同于现代，在交通还不发达的时代，这样运送货物在我们看来简直极不合理。我们来看一下记录了唐代历史的《旧唐书》，其中有关波斯的记述（卷一百九十八中的"波斯"部分）中提及了一些波斯物产的名字，这里面既有"琉璃"（玻璃）这样的确原产波斯的，也有"胡椒""荜拨"这类误将波斯作为原产地的。"荜拨"在后文将会提到，是一种长的胡椒。这两种香料的产地很显然都是印度。很有可能是波斯从印度大量进口了胡椒和长胡椒等香料，再出口到中国，所以才让中国认为这两者都是波斯的特色物产。

能从侧面证明这一问题的材料出现在 1 世纪下半叶成书的《厄立特里亚航海记》（*The Periplus of the Erythraean Sea*）中。来自希腊的商人在这本书中留下了自红海到印度洋进行海上贸易的随航记录，这是一本古代远洋贸易指南。书中记载了各地的物产和流通渠道，在从西北印度的婆卢羯车港[1]向波斯湾西岸奥马那港出口的商品中，就包含了白檀香木。像这样的贸易路线即便时代变了也不会轻易消失，因为对某些特定商品的需求始终存在，

1　今印度西部坎贝湾东岸城市布罗奇（Bharuch）。

印度阿旃陀石窟壁画上的伊朗人物形象（第 1 窟，6 世
纪 ~7 世纪）

顶多是贩运这些商品的商人势力有所改变。热带物产经中亚的
沙漠地区被运往中国甚至更远的地方——这样的历史曾真实存
在过。

海上丝绸之路

但是此处讨论的两块白檀是否真的就是经中亚进入中国的，
又要打上个问号。我觉得还存在其他的可能性，比如前面讲过的

海上运输。从白檀木上刻的文字来说，陆路运输似乎比较站得住脚，但实际上没有任何证据证明白檀上的巴列维文刻铭和粟特文烙印是在波斯和粟特被加上的。语言和文字伴随着使用者的表达而存在，使用者一旦移动，语言和文字当然也会移动。波斯人和粟特人究竟在什么地方从事着怎样的贸易活动，才是这个问题最核心的部分。

实际上波斯人在海上贸易中非常活跃。6世纪中叶，出身于埃及的基督教修道士科斯马斯（Cosmas Indicopleustes）在他的《基督教世界风土志》（*Christian Topography*）一书中记录了从亚历山大的商人口中听到的如下内容。

"印度附近像是财宝集散地一般的斯里兰卡岛上已经有波斯商人居住。有一次，上岛的亚历山大商人被允许与波斯商人一同谒见当时的国王。国王询问二人谁的国家更为强大，波斯商人自然表示自己的国家比较强大。于是亚历山大的商人掏出了自己所使用的拜占庭金币，并要求波斯人掏出他们使用的银币，在国王面前一决胜负。最终，亚历山大的商人取得了胜利，让国王认同了他国家的强大。"从亚历山大商人会视与波斯商人一决胜负为荣并以此炫耀，可以看出当时在印度洋上波斯商人的影响力多么强大。

波斯商人和粟特商人的活动

那么这些人的贸易活动究竟有哪些内容呢？关于这个问题，8世纪初的新罗僧人慧超在其撰写的印度旅行记《往五天竺国传》中有具体的记述。

> （波斯）土地人性。受与易。常于西海泛舶。入南海。向师子国。取诸宝物。所以彼国云出宝物。亦向昆仑国取金。亦泛舶汉地。直至广州。取绫绢丝绵之类。

此处指的就是《旧唐书》中出现的古波斯国。慧超知道古波斯（萨珊王朝）被萨拉森人（大食）灭国的事情，所以此处用"波斯"表示说的是伊朗人。根据这份记载可以知道，波斯人凭借自己的航海技术来往于印度洋和南海等地区，并在这一区域与中国之间建立了丝绸贸易。

实际上，有一批人曾目睹了这类交易，他们就是748年第五次东渡日本失败从海南岛返回广州的鉴真一行。传记《唐大和上东征传》中提到，广州的港口十分热闹，停有波斯船、昆仑船和婆罗门船等，船上均装满了香药珍宝。这些货物之中应该也少不了白檀。法隆寺白檀木上的巴列维文，很有可能就是波斯人在贸易活动中刻下的痕迹。

粟特文烙印与巴列维文刻铭相比证据相对不足，但也极有可能是在类似环境中烙下的。粟特人虽多被誉为"沙漠之民"，但实际上也有在海上活动的时候。

中国的三国时代（3世纪），有一位名叫康僧会的僧侣来到吴国。他的父亲是天竺的商人，因为经商需要搬到了交趾，他本人则是在交趾出家后来到了吴国（《梁高僧传》）。中国古代会以特殊的姓称呼西域来的人，康姓就是指出身康国（撒马尔罕）。康僧会的父亲是粟特血统的商人。波斯船行驶于印度洋和南海地区，波斯人的贸易活动中应该也有粟特人的身影。粟特文的烙印可以和粟特商人的活动结合起来理解。

但是还有一个必须考虑的史实，那就是多数波斯人和粟特人会在大唐居住。所以我们也不能完全否定刻铭和烙印其中之一是在大唐境内添加的可能性。但即便是这样，我们整理出来的这份波斯商人和粟特商人的香料贸易全景图也是十分重要的。此外，若问陆地丝绸之路和海上丝绸之路究竟哪一个才是香料贸易主要路线的话，我的看法是海上才是运载香料的关键路线。

刻有巴列维文和粟特文的白檀木如果是被波斯人或粟特人直接带到日本的话，那简直就是一出古代传奇故事。在奈良时代中叶天平八年（736）回到日本的遣唐使队伍中，就有一名叫李密翳的波斯人。所以"波斯人携带白檀木来日"这种可能性倒不见得是完全没有，但是在第一章中我也提到过，波斯人来日很罕见，并不是常有的事情。整理整个历史问题的线索可以看出，还是那些更普通的事情更值得重视。

从中国到日本

商人们运到广州的香料和药材，在经过短暂停留之后就被分散到中国各地，而遣唐使则在扬州和明州[1]这些大城市采购它们并携带回国。我们在第二章讲过，当时在中国沿海进行贸易活动的新罗人，主要就是将这些商品转卖给日本。所以我们在纵览古代日本和其他国家关系的时候，应该知道要着眼于这类基本方向。

通过对法隆寺的进口白檀进行分析，我们完成了这段追寻香

1　即今日的宁波。——编者注

木之旅。至于沉香，由于中南半岛作为沉香的产地在后世依然声名远扬，从中南半岛到中国再到日本的旅途，说不定会比其他的香木要短一些。但是，海上运输依然是同等重要的。正仓院那些来自西域的物品和设计风格总是十分吸引人眼球，但是像黄熟香和全浅香这类香木，在我们讨论海上丝绸之路曾经如何繁盛的时候，也绝对是不输给其他宝物的珍品。

第六章

染料与药材的传入之路

棋子盒盖表面的大象

（正仓院宝物）

椰子器

　　正仓院中藏有椰子这件事不知道读者们听说过没有。正确地说，应该是将椰果剖开挖净，依靠自然的褶皱和墨笔画出来的眉毛、眼睛、鼻子，制成了这么一个 10 厘米高的奇妙容器。这个椰子器至今未曾公开展示过，也没有公布过照片。[1]

　　常年工作于正仓院事务所、被誉为"正仓院活辞典"的松岛顺正曾在一篇文章中介绍过它。这个椰子器与正仓院予人的印象相差甚远，究竟是不是一开始就被收在正仓院中的也存在疑问。关于这一点，松岛是这样说的："江户时代的元禄或天保年间，正仓院宝物名录中有'瓢'（hiyon），如果

1　2010 年，该椰子器的实物在第六十回正仓院展中首次公开展出。

再往前追溯，建久四年（1193）的名录中可见'海蠲子'，应该就是这个椰子器。"这里的"海蠲子"应该是"海觸子"。十卷本的古辞典《色叶字类抄》中将"海觸子"读作"yashinohisago"。海觸子是一种海中的物产，本来和椰子是不同物种，但因为在日本同样被读作"夜之（yashi）"，就与椰子一词发生了混淆。这种情况可能是在镰仓时代开始出现的，因此哪怕进入日本的途径不明确，也可以推测这件器物是从镰仓时代之前流传下来的。

在我如此推测时，正好遇上了在解读这个问题上十分合适的史料。比叡山延历寺的前唐院收藏了遣唐留学僧圆仁从唐带回来的书籍和物品，还有佛具等珍贵宝物，将前唐院中的藏品记录整理成册，就是传世文献《前唐院资财实录》。

这份名录中有"夜子瓠一口"。夜子就是椰子，瓠通瓠，都读作hisago，也就是瓢形，正好符合椰子的外形。这里记录的宝物不会晚于10世纪，因此可以确定这样的椰子器是古代日本就有的宝物，而正仓院记录里的"瓢"，即便说是奈良时代的东西也没有什么不可思议。

重要的南方要素

突然提到椰子器"夜子瓢"可能会有些突兀，这是因为我们常看到的那些备受瞩目的正仓院宝物多与西域有关，此处只是想借椰子来谈一谈正仓院中间或可见的南方要素。正仓院中献物几上铺的垫子就使用了十分有趣的南国图案，椰子或棕榈树之间站着一头狮子，背后还有裸着上半身的驯狮人，十分具有热带风情。这里想要强调的是，正仓院中也有这样具有南方要素的宝物，数量还不算少。

比较有名的例子是绘有大象图案的板缔染屏风（夹缬屏风）和银平脱大象棋子盒盖。象在古代波斯会上战场，推测应该是印度象。在一把有螺钿装饰的紫檀阮咸背面饰有两只口衔玉带的鹦鹉，与此相似的图案也大量出现在白铜铜镜背后，而众所周知，鹦鹉是热带鸟类。鹦鹉也出现在棋子盒的盒盖上，还出现在臈缬屏风以及用马赛克装饰的棋盘上。盒盖上有鹦鹉形象的这个棋子盒和前面提到的银平脱大象棋子盒属同款式的不同设计，银平脱是指将银箔片剪成需要的花纹并将其贴于漆器表面的一种工艺。

与鹦鹉并列驰名的热带珍禽孔雀，也经常出现在一些物品

一块绫上织出了驯狮人的
图案（正仓院宝物）
右上角则是南方的珍禽孔雀

上。代表性的例子如一条在紫绫上用彩线绣出的孔雀幡等。镜
子背面装饰的螺钿中会嵌有犀牛的形象，染织品中也有在褐色
的锦上织出犀牛的例子。这些动物在中国很早就为人所知，孔
雀和鹦鹉在飞鸟时代也有经朝鲜半岛来到日本的例子。《日本
书纪》记载，孔雀最初是在推古天皇六年（598）由新罗献上
的，鹦鹉则是在大化三年（647）同样由新罗进献。这些都是

紫檀阮咸（正仓院
宝物）
背面的螺钿装饰中有
两只口衔玉带的鹦鹉

饰有犀牛的螺钿镜（部分，正仓院宝物）

同一面螺钿镜上的狮子

通过丝绸之路进入中国和朝鲜半岛的稀有事物。

东汉时期创作了《鹦鹉赋》的祢衡，认为这种鸟是穿过了"流沙"的西域特产。从这个角度来说，即便是南国物产，也会被认为和丝绸之路有所关联。实际上动物进口和动物形象创意是两个不同的问题。但是在中国，从南北朝到唐代，南部的海路交通都十分发达繁盛，这些南方动物到了隋唐时代，在进口和工艺表现上同时被重视了起来。

南方来客登场

在这一点上比较重要的就是前文提到的有赤裸上身的驯狮人图案的绫。仔细观察一下这个驯狮人的形象，可以发现他的头发是卷发，只在下半身有一条围腰布。通过这种服装搭配可以猜到此人应该是一个生活在热带地区的黑人。事实上当时在中国有许多来自东南亚的黑人奴隶，他们在文献上被称为"昆仑奴""昆仑""僧祇奴"。昆仑是指以中南半岛、马来半岛为中心的南方诸国，也指那里居住的人；僧祇则是指非洲东海岸北部地区桑吉（现在只剩下"桑给巴尔"这个名字），僧祇是桑吉古时的中文音译。活跃在印度洋与南海地区、依靠转口贸易发展的国家室利佛逝（现印度尼西亚）曾将僧祇奴与鹦鹉一起进献给唐。这些黑人奴隶也有经伊斯兰商人之手被转卖到亚洲的。他们并不是唐代才开始出现在中国，但是到了唐代，中国与南方诸国之间的交流变得十分发达，这些黑人奴隶被贩卖到中国的现象也就发生得更为频繁。

正因为这个背景，唐代出现了许多以"昆仑"为主题的美术和文学作品，例如十分写实的唐三彩昆仑奴俑和唐传奇里出现的昆仑。其中裴铏（9世纪）的短篇集《传奇》中就有以一位忠义的昆仑奴为主人公的作品。正仓院所藏的这块绫上的图案，也可以说是将昆仑形象包含进去的一个美术创意的典型。这块绫没有其他类似物品传世，从织造技巧的高超和特殊性上可以判断是唐制，人物风貌也和《旧唐书》关于南蛮的记载中昆仑人"卷发黑身"的特征十分相似。

在古代日本佩戴面具表演的戏剧——伎乐中登场的昆仑，当然也是黑人。伎乐起源于中国南朝，经百济传入日本。在这出伎乐中，昆仑向一位江南美人吴女求爱，结果被金刚力士抓住一顿惩戒。法隆寺献纳宝物与正仓院宝物中有许多上演伎乐时需要用到的面具。面具上的卷发因为是用漆粘上去的，现今基本已经脱落得差不多了。面具的面部构造则十分夸张，的确有来自南方异

伎乐面具中的昆仑（7世纪，法隆寺献纳宝物，东京国立博物馆藏）

国居民的容貌特征。

　　此外，不可以忽略奈良西之京地区药师寺金堂中主佛基座上的昆仑人形象。基座的外框上有葡萄唐草纹样，因其来自西域的设计风格而十分有名，侧面的浮雕上有12名异国人，石田茂作曾经说过，这正是昆仑人。他们的头发是卷的，只有下半身有一件围腰布，上臂套有臂环，和正仓院绫中的人物表现手法一致。

　　关于这些异国人浮雕，有人提出这是依据现实中的东南亚人设计出来的。《日本书纪》中记载，白雉五年（654）有吐火罗（又作睹货逻、堕罗）人漂流到了日本。我们所知道的吐火罗是中亚地区那个有名的国家，可是这里的吐火罗应该是《唐

卷发异人（药师寺金堂主佛基
座，入江泰吉摄）

会要》中出现的南国吐火罗。[1]这个国家的名称在本国语言中应
读作 Dvāravatī，位于今天的泰国。我认为这可以算作广义上的
昆仑地区。前述观点认为，药师寺基座上的异国人形象，就是
将漂流到日本的吐火罗人艺术加工后的产物。

1　该观点为历史学者井上光贞提出。井上认为南国吐火罗位于泰国的昭拍耶河（俗称
湄南河）下游，也就是中文文献中的堕和罗（又称堕罗钵底）。该观点随后被《日
本书纪》注释以及日本史辞典等出版物引用，在日本有相当大的影响。井上的理由
有三点：第一，中亚地区的吐火罗人不太可能冒着危险前往日本；第二，堕和罗和
吐火罗发音相近，可能存在汉字上的误用；第三，在《旧唐书》关于南蛮的记载
中，堕和罗两次遣使入唐的时间与《日本书纪》中吐火罗人漂流至日本的时间相
近，《日本书纪》记载的很可能是未能抵唐的第三次堕和罗遣唐使。近年，日本史
研究者西本昌弘在论文《飞鸟时代来到日本的西域吐火罗人》（「飛鳥に来た西域の
吐火羅人」『関西大学東西学術研究所紀要』43号、2010年）中对该观点进行了彻
底批判和否定。

来自南方的物品

写到这里，我们已经搞清楚了像这样的南国风情并不是日本人的原创设计，将这些南国要素融入工艺美术品的审美趣味来自大唐。药师寺主佛的基座上不仅仅雕有异国的昆仑人，还有来自西域的装饰纹样葡萄唐草，正仓院一张棋盘的马赛克装饰中也出现过鹦鹉和葡萄，这些都是作为装饰的一部分结合出来的效果。所以在同样受到唐代美术影响的新罗，韩国庆州四天王寺出土的佛砖上也出现了昆仑人的形象。但是即便昆仑人出现在了美术造

新罗时代佛砖上的昆仑人形象（韩国庆州四天王寺出土，韩国国立庆州博物馆藏）

型之中，也不能明确说这就是根据实际存在的昆仑人而特别打造的设计。

像这样通过美术设计扯上关联的还有日本与西域之间的关系等，主要还是间接关系。但是与和中亚及中亚以西诸国之间的关系不同，日本和南方诸国之间的确有着密切联系。各种各样的物产直接从南方运来，这与需要间接传递的西域物产是完全不同的。除了第五章的香料外，药材、染料、玳瑁等物品皆是自南国而来。

自古中国就将这些南海物产视为珍品，唐代及唐代之后也一直是这样。这些南海珍品对当时属中国文化圈一部分的日本来说，也有着同样的吸引力。通过中国或朝鲜，最迟于飞鸟时代开始，这些南方物产不断进入日本。天平胜宝八年，光明皇后向东大寺大佛献上的宝物中也包含香料和药材。光明皇后所献的香料和药材单有一份目录，称《种种药帐》，保存至今。根据这份目录来看，献上的香料和药材共 60 余种，其中大约六分之一是南方物产。

比如说荜拨这种药材，名称来自梵语的 Pippali，属胡椒的一种，又被称为长胡椒。我们常吃的胡椒，英文名 pepper 也是源自这个梵语词，只是后来长胡椒和胡椒之间发生了发音用词混淆，最终 pepper 成为胡椒的名字。在中国，荜拨和胡椒则被明确区分，在这个献药目录里也是各自立项。荜拨和胡椒同样原产印度，在当时看来都是有健胃强身作用的贵重药品。

光明皇后献上的香料也多是南国的物产。15 世纪的欧洲商人曾经为了寻找香料而开拓前往远东地区的航路，这正是因为香料的产地主要集中在亚洲的热带地区。举个比较极端的例子，像丁香最开始就只生长在马鲁古群岛，一直到 18 世纪末才逐渐被移植到其他地区。所以即便是以中国为首的东亚各国，在香料上也不得不依赖亚洲的热带地区。

不仅欧洲人和伊斯兰人视香料为生活必需品，中国自古以来也是香料的消费大国。只是中国在使用香料上与欧洲和伊斯兰国家不太一样，比起用在化妆品和调味上，中国更多的是将香料作为药物和焚香料来使用。日本始终深受其影响。

记载于《种种药帐》的这些药品在捐献来之后，并不是收在仓内不见天日，实际上这些药品的一部分被发放给了受病痛困扰的人们。正仓院古文书中有实际施药的记录。只是这些药品在当时是超出想象的高级药品，是否考虑过使用后的补充问题这一点现在很难辨明，但现实情况或许是想补充也很难。

即便是光明皇后设立的施药院，也需要时不时从正仓院调配一些药材来补充。施药用的桂心用完时，因为在日本买不到，施药院不得不向正仓院申请支给。桂心是肉桂去除外层粗皮的树皮，产地在中国南部及南方诸国。正仓院的桂心在接受捐献后的百年间，重量减少了十分之一。此外，捐献的药物中麝香、犀角、槟榔子、呵梨勒[1]等均在平安时代前期使用殆尽，这些除了麝香以外，均为南方物产。正仓院没有再补充这些药品足可以显示这些药品的贵重和调配困难。

带来财富的苏芳

作为红色染料的苏芳（又作苏方、朱芳、苏木）是中南半岛、马来半岛及印度等地重要的交易物品。苏芳是豆科树木，染色时会将树芯熬汁制成染料，一般除了为织物染色外，还为木材、纸张、皮革等着色。此外苏芳还被用作促进血液循环的药品，更有直接将苏芳木用作建筑或工艺材料的。

1　梵语 harītakī，意译为诃子。使君子科常绿乔木，木材可供建筑使用，树皮含单宁，是重要的染料植物，果实可入药。

正仓院中使用苏芳染色的工艺品数量很多。苏芳与香料相同，在原产地是随处可见的价格低廉之物，但通过贸易活动就能带来大笔的财富。748年，第五次东渡的鉴真和尚一行再次遇到海难，漂流至海南岛。他们寄宿于当地的豪族冯若芳家中，在冯宅后院看到了大量的苏芳木。鉴真一行将这景象视为财富的象征。冯若芳应该是要将香料等珍贵物品拿去广州等地的交易市场上赚取更大的利益，此人是一个以海南为根据地打劫往来波斯商船的海盗头目。像苏芳这样完全依赖进口的商品，对商人来说绝对是必卖的。晚唐诗人崔涯长期生活在扬州，他曾经作过一首嘲讽妓女的诗："虽得苏方木，犹贪玳瑁皮。怀胎十个月，生下昆仑儿。"这里嘲讽的是贪得无厌的妓女为了获得更多的钱财和利益所做的种种。唐代的扬州位于长江的入海口附近，是华东地区最大最繁华的国际贸易港口，各

式各样的南海珍宝在此集散。苏芳、玳瑁等物的价值一旦进入中国会被哄抬成什么样子，通过崔涯的这首嘲妓诗也能够了解一二。

苏芳在唐的价格尚且如此昂贵，可想而知到了日本会价值几何。用苏芳染出来的颜色是略有些暗沉的紫红色，这个颜色本身也被视作高贵的象征，在古代并不能随意在服装上使用这个颜色。在和铜五年（712）颁布的禁令中，官位在五位以上的官员才允许穿着苏芳色，到了《延喜式》（905 年开始编纂）的时代，只有以亲王为首的一部分皇族和三位以上或参议以上的官员才允许穿着。工艺品就更是如此，能使用苏芳的人果然还是掌握了权势的人。

对外交往史背后的主角

前文提到的这些南国物产，可以说是隐藏在对外交往史背后的主角。非要说这些只是单纯的奢侈品的话也不错，但是对于拥有权势和财力的人来说，一旦开始使用它们，就很难接受用不上的生活。特别是药材和香料，二者与医疗和佛教信仰都有着直接且无法分割的联系，所以日本从大唐进口的名单上还真的不能缺少南国物产。

在不再派遣遣唐使的日本贞观十六年（874），还是有两名负责购买"香药"的官员赴唐。二人不是正式的外交使节，所以大概是乘坐唐或新罗的商船往返的，本次购买香料不能视作遣唐使活动的一部分。最终他们完成了使命回到日本，而使得当时的日本朝廷不得不这样做的，是自身对香料和药材迫切真实的需求。《徒然草》中，兼好法师"唐的东西，除了药材以外，没有也无伤大雅"（第120段）一言十分有名。日本对产地固定的这些香料、药材以及染料的需求，不仅仅是奈良时代，是直到近代以前都从未停止过。

苏芳的贸易史可以说是日本对外交往史的一张缩略图。日本停派遣唐使之后，宋的商船接手了这项工作，苏芳被不断运往日本，成为日宋贸易的主要商品之一。苏芳的用途到了平安时代后期又有了进一步扩展。染色的时候帮助染料更好发色的药剂被称为媒染剂，到了平安时代后期，使用明矾作为媒染剂可以让苏芳染出更加鲜艳的红色。此前用苏芳染色时都是使用灰汁作为媒染剂，所以染出来的颜色有暗沉感。《延喜式》的"缝殿寮"一节中没有明矾作为苏芳染色媒染剂的记载。

有染色研究者认为奈良时代已使用明矾作为媒染剂。正仓院文书（《天平六年造物所作物帐》[1]）中，使用苏芳染色的材料里有"肉沙"，有人认为这是"陶沙"，也就是明矾。但是这种物质在同一份文书的其他部分又作为修理香炉断腿的材料出现，而明矾很显然没有这种黏合剂般的效力，所以这应该不是明矾。这种物质在唐代的《新修本草》和日本的古医书《医心方》中写作"硇砂"和"碯砂"，应该就是后世所称的"硇砂"（氯化铵）。

氯化铵可以使金属表面出现化学反应，是可以用在金属焊接上的一种化学试剂，使用在苏芳染色上则可以让染料渗透得更加彻底。牙雕工艺专家吉田文之认为，在为象牙染色的时候也存在用某种试剂处理象牙表面的秘密手段，可以认为这与使用硇砂来强化苏芳染色渗透的原理相同。硇砂在唐代多用不加石字旁的异体字，在 20 世纪初大谷探险队从西域发现的吐鲁番文书中，也出现了与正仓院文书中相同的写法。

增加了用途的苏芳更是被重视起来，到镰仓、室町时代也一

1　此处史料名称有误。据《大日本古文书》，应为《造佛所作物帐》。

直是主要进口物产之一。室町时代，建立起独立国家的琉球成为苏芳从南国运往日本的中转地，这条贸易路线的出现也成了琉球发展国力的重要一环。此后，还出现过日本进口的苏芳被转卖给朝鲜的事情，与古代的事例正好相反。

桃山时代到江户时代初期是日本人海外发展较多的一个时代，相关活动的一个重要目的就是直接进口以苏芳为代表的南国物产。为暹罗（泰国）卖命、后来成为六昆王的山田长政向日本出口的主要商品就是苏芳和鲛皮。当时日本商人的贸易劲敌荷兰人与英国人也盯上了苏芳贸易，依据 17 世纪初英国商馆的记录来看，将苏芳运往日本可以得到 5 倍甚至 8 倍的利益。反过来可以推测，在交通不够发达的古代日本，能够获得的利益可能还远远在此之上。

锁国政策的推行使得日本人经营的苏芳贸易就此中断，但此后接手了这项贸易的荷兰及中国商船仍在源源不断地将苏芳运往长崎。与荷兰及中国本国的物产相比，南国物产在两国带来的贸易品中所占比例之大和地位之重要是不可忽视的。

表现 19 世纪长崎贸易的《唐兰馆绘卷》
画面右侧正在进行苏芳交易（长崎市立博物馆藏）

对外桥梁

本章如此梳理下来可以发现，由于以香料、药材、苏芳等为代表的南国物产的存在，使得日本到近代以前，始终与外国之间保持着某种紧密的联系。只看外交关系的话，由于日本停止派遣遣唐使，导致此后在进口上也给人一种十分闭锁的印象。但是如果我们追溯近世¹之前日本对外关系的话，会发现比起国家层面的

1　日本历史阶段之一，自 17 世纪初江户幕府建立起，至 1868 年明治维新止。这一时期日本推行限制对外交往的锁国政策。

外交关系，更侧重的是贸易关系。把日本与其他国家之间一部分外交或政治关系视作这种非官方贸易的发展和延伸也并不过分。

日本和唐之间的关系在 8 世纪之后逐渐淡化了政治色彩。再怎么反复强调与现代不同，但如果说当时的外交是日唐之间重要课题的话，那么每 10 年至 15 年才派遣一次的遣唐使是无法完成这项使命的。遣唐使队伍一次派遣五六百人的规模，也是作为文化使节才会有的阵仗。在某种程度上引入足够的中国文化后，日本向唐派遣留学生的必要性也会逐渐降低。在依靠新罗和唐的商船大量运送物资的路线开辟出来之后，文化使节性质浓厚的遣唐使也就逐渐失去了派遣的必要性。

那些作为古代贵重交易物资的南国物产，几乎没有留下什么实物。这是因为大多数南国物产在当时主要都是消耗品。在这一点上，留有大量实物的正仓院就显得十分重要，这里也是思考日本对外交往史的原点之一。

第七章

法隆寺与正仓院

宴饮的隐士们

（金银平文琴，局部，正仓院宝物）

被拿错的宝物

要说能与正仓院宝物匹敌的传世古代日本文物，还是要数法隆寺的藏品了。这些保存在法隆寺的宝物与正仓院宝物其实曾在十分意外的地方有过接触。

明治9年（1876），经济上陷入困境的法隆寺为了能得到皇室援助，将寺中保存的一部分宝物献给了皇室，并于两年后得到了赐金，这就是法隆寺献纳宝物的由来。这些宝物在被献给皇室之后，同样作为御物被收入正仓院保管，此后又于明治15年（1882）被送到在东京新设立的国家博物馆（今东京国立博物馆的前身）进行陈列。不过，法隆寺宝物在被运出的时候发生了拿错的事情，一部分法隆寺宝物遗留在了正仓院中，而东京的博物馆里则有一部分是原正仓院的宝物。若是好辨认的宝物可能就不会发生这种事情，但恰好这个问题发生在一些看起来十分难以分辨的染织品残片上。

大正3年（1914）以降，相关研究人员在奈良帝室博物馆开始整理正仓院所藏的染织品，过程中发现了"天寿国绣帐"的残片。天寿国绣帐现在收藏于法隆寺旁的中宫寺，被日本政府定为国宝级刺绣帐子。天寿国绣帐是圣德太子死后由太子妃橘大女郎制作的，一直到镰仓时代都收藏于法隆寺中。因为混入了天寿国绣帐的一些残片，才使得人们发现这是法隆寺的染织品。

能够明确知道是法隆寺藏品的，这是第一件。大正8年，时任帝室博物馆馆长、因需要见证正仓院开封而来到奈良的森鸥外将残片带回了东京，并在东京交给了中宫寺的人，这是后话。

染织品上的文字

前面提到的染织品整理到今日还没有结束，现在这项整理又回到正仓院中进行，仍在继续。从染织品残片的分量来看，可以预见离整理结束还有很长一段时间。其中，近年公布的整理结果中有这样两条写有文字的幡。

幡是在寺院等地悬挂的类似"旗帜"的织物。（一）的大意是"阿久奈弥这个地方评君的女儿，为父母制此幡"，（二）则是"山部连公奴加致的孩子惠仙已经死去……"（一）中的阿久奈弥（akunami）是一个地名，应该是指法隆寺附近一处汉字写作"饱波（akunami）"的地方。相传这个地方曾有圣德太子的宫殿。这条幡是该评（701 年后，评改写为郡。详见第八章《地下正仓院》）长官的女儿为死去的父母制作的幡。无论是从年代还是文字中出现的地名来看，不解释成来自法隆寺的话都说不通。（二）是为死去的惠仙制作的幡，这条幡曾经在大正 14 年（1925）于奈良帝室博物馆仅展出染织品的展览上展出过。上述文字可能是新的发现。

（二）山部连公奴加致儿惠仙命过往□

（一）阿久奈弥评君女子为父母作幡

古代的"絣"

正仓院和法隆寺的宝物有着如此纠缠难分的因缘，比较二者的内容，有类似的部分，也有许多不同之处。

正仓院中有使用絣织工艺制成的绢的残片。江户时代以降，絣织工艺使用的主要材料是棉并得到推广普及，但在日本的古代，绊则是完全不同种类的布料，两者在技术上差异巨大。正因为这一点，古代的绊与其他织物都截然不同，通常被判断为舶来品。正仓院中残留的绊非常少，由于正仓院藏品主要由8世纪的物品构成，所以通过数量少这个信息来判断，这种古代绊在奈良时代的舶来量应该并不多。

与此相比，法隆寺则保留了大量的古代绊，例如在和圣德太子有关的文物中有一件被称为"太子间道"的织物（又称"广东锦"）。法隆寺献纳宝物中则有绊织的且很好地保持了本来形状的

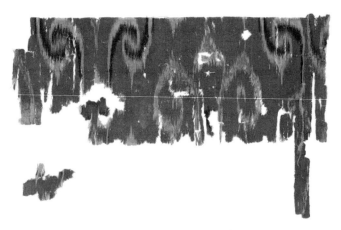

絣织绢残片，底色为红色（正仓院宝物）

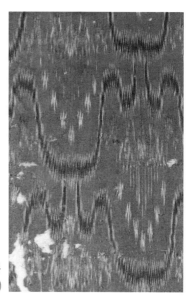

制幡使用的红底色絣
（东京国立博物馆藏）

幡的残片。还有一些织物残片原本可能是幡的一部分。

　　实际上有专家认为，正仓院传世宝物中的多数絣，原本可能
是法隆寺献纳宝物。这就是本章一开始讲述的"拿错宝物"的一
个结果。正仓院中当然也有使用絣织工艺制作的服饰，不是说只
要是絣就一定是法隆寺的东西，但如果这个推测成立的话，留下
来的物品可能会出现更多的差别和不同。这种不同则主要与 7 世
纪到 8 世纪之间日本历史的动向有关。

"秘锦"与"朝霞锦"

古代的絣在当时是如何被称呼的，时至今日由于没有明确的证据，无法确定。但是使用絣制成的法隆寺幡，在天平十九年的"法隆寺资财帐"中，记作：

秘锦灌顶一具

右，养老六年岁次壬戌十二月四日，平城宫御宇

天皇纳赐也[1]

能判断此处所记载的就是法隆寺幡的理由是法隆寺宝物与正仓院宝物中所藏之幡可以从形状上追溯时代，做出大致的推断。其中也有幡上用墨写着年代，可以以这样的幡为基准对形状和式样进行分类。"资财帐"中的法隆寺幡是养老六年（722）平城宫御宇天皇（元正天皇）捐献的，这又正好与使用絣制作的幡的年代和特征吻合。按这个逻辑推导下去，在当时被称作"秘锦"的就是絣。接下来我们要讨论的是"秘锦"究竟是个什么意

1　原文献为竖排书写。——编者注

思，代指什么布料。有学说认为，这种绯在古代日本被称为"霞锦"。《日本书纪》中对"霞锦"的描述是天武十年（681）和朱鸟元年（686）的新罗贡品。在《旧唐书》和《册府元龟》等中国的文献中，也有新罗进献"朝霞锦""朝霞绅"等贡品的记述，所以可以将之视为同一类布料。中文里的"霞"并没有日语中雾霭这一层意思，仅指朝霞和晚霞，所以是一个非常适合红色系绯的名字。因此，古代日本的绯很有可能就是新罗献上的"朝霞锦"。问题出在秘锦是否就是朝霞锦上。关于这一点，我个人的见解如下。

二者之间的关联在于朝霞锦是新罗的特产。向大唐进贡的国家很多，但其中献上朝霞锦的仅有新罗。能被允许献给丝织品先进生产国的布匹，我猜想该是有一些与众不同的特色。朝霞锦能被加进献给日本的贡品名单，大概也是它作为特产十分有名的原因。

实际上，朝霞锦的织法是新罗宫廷的独门技术。记载了新罗官制的《三国史记》在"职官"的部分提到，相当于日本宫内省的内省下设有"朝霞房"，从这个名字也能判断出来，这应该就是负责织造朝霞锦的官署。朝霞锦由新罗王室的宫廷作坊织造，是王室御用织物。了解到这一步的话，对于"秘锦"这个名称也就多少能够理解了。

为皇帝或是王打造的东西多在名称前冠以"秘"字。10世纪中国江南地区的吴越国，就曾烧制"秘色瓷"进献给中原王朝皇室。这种瓷器一般又单称"秘色"，也就是我们知道的越州窑青瓷。被称为"秘色"的主要原因是这种瓷器的颜色只有皇帝才能使用。新罗国王的御用织物朝霞锦，也算符合了"秘锦"这一称谓。法隆寺所藏的古代幡使用的正是新罗宫廷作坊织造的朝霞锦，而朝霞锦才是古代绯的真实名称。

前文中有一点没有提到，从织造技术上来说，绯织工艺是事先将经线染成需要的各种颜色，再放入织机中织造。像"太子间道"所使用的复杂多色的绯织工艺，就需要在染线和织造时对细节有更精细的追求。这种精美的绯，无处不表现着它作为王室御用之物的格调。

既然是王室御用之物，不太可能会流向一般市场，但在向他国朝贡时作为特产被选为贡品则并不奇怪。在向中国和日本朝贡时，绯织的朝霞锦（霞锦）自然是上乘之选。

日本和新罗的外交关系

如果古代的绯就是朝霞锦或秘锦，那么它的残存情况也就说得通了。前文中也提到，文献上可以确认的朝霞锦和秘锦主要出现在奈良时代中叶。正仓院宝物中绷的数量很少，这和当时日本与新罗之间外交关系的变化直接相关。

天智天皇二年（663），日本向朝鲜半岛派兵，联合了百济遗民，与唐、新罗联军开战。这场战役最终以日方大败收场，日本与新罗之间的联系一时断绝。但是新罗私下希望大唐军队能够早日撤离朝鲜半岛，想通过加深和日本之间的联系来制衡，于是在669年以后频繁向日本派遣朝贡使节。在当时的朝贡物品中就出现了霞锦，说明新罗为了和日本加深关系，将为王室织造、王室专用的绷也加进了贡品名单。

但是新罗在朝鲜半岛的统治随着它受到唐的认可而产生了新的变化。新罗逐渐摆脱了对日的弱势地位，转而努力寻求与日本的平等关系。735年，唐承认大同江以南的领土属新罗所有，而在前一年也就是天平六年，发生了遣日新罗使因自称国号为"王城国"受到日本的质疑，未入境即被遣返这一前所未闻之事。此后直到8世纪中期，日本时不时会发表一些控诉新罗"无礼"的言论。

从"御调"到"土毛"

关于贡品，天平十五年（743）发生的事具有极为重要的意义。这一年到访日本的新罗使节将称呼贡品的专用词语从过去的"御调"改成了"土毛"。土毛意为土特产品，并不包含贡品这一层意义。日本对这个改变大为不满。就《续日本纪》中的记载来看，当时日本对这件事情的不满之处在于不光贡品的名分从"御调"改为"土毛"，连清单中的物品数量也比从前大幅度减少了。从这件事上，我们可以窥出新罗在对日进贡上发生了明显的态度转变。

关于这件事我作以下考虑。新罗此前向日本进贡了各种各样珍贵的财物，仅看《日本书纪》的记载，新罗的贡品里甚至有非新罗原产的骆驼。在逐渐进入不再需要重视对日关系的新阶段时，新罗首先否定的就是作为外交态度的朝贡，从实质上减少了贡品并降低其品质。将"御调"换成"土毛"的话，非新罗原产的名产自然就不需要包含其中。

但是新罗并没有就此停止将外国名产带至日本交易的行为。在外交关系日益冷却的背面，8世纪上半叶以降，新罗使节团的规模却逐渐庞大起来，因为除了使节外，还会有一些以贸易为目的的商人参与其中。他们带来的商品在第二章中也提到过，以来自异国的珍品为主。从"御调"到"土毛"的变化是新罗对日关系转向以贸易为中心的前提。

在这种变化过程中，朝霞锦被从贡品名单中除去。朝霞锦不是产量高的布料，所以单纯作为贸易对象并不值得期待。自奈良时代中叶以降，朝霞锦无论是实物还是在文献上都消失得无影无踪，这和当时的国际政局变动不无关系。

诞生于南方的绯织工艺

不过提到这种特殊的绯织工艺就会让人思考，为什么这会成为新罗王室的织造工艺？这不仅是一个关于朝鲜半岛的问题，还是一个值得放眼思考古代亚洲南北交流的十分有趣的主题。

先说结论，朝霞锦来自南方。查阅中国的正史《隋书》《旧唐书》《新唐书》等史书中关于南蛮地区的记载，会时不时看到有用"朝霞布""霞布"制成的衣服，一般作为王或统治阶级的服饰出现，推测应该属于比较高级的布料。不过从记载用的是"布"而不是"锦"可以判断，这些应该不是丝织品，可能是用南方比较常见的棉织造的布匹。

那么"朝霞布"和"朝霞锦"到底有没有关联呢？两者同样被称为"朝霞"，应该是由于图案相似。回想一下新罗绀上的图案，的确具有南国风情。从前就有学者提出过将这种绀与印度或东南亚结合起来考虑的观点，也不是全无道理。古代朝鲜半岛将南方织造技术中的棉换为丝，创造出使用绀织技术制成的丝织品，这或许是他们根据"朝霞布"而将新丝织品命名为"朝霞锦"的缘由。

可能有人觉得这种情况不太可能发生。但实际上在中亚以西地区，至今还存在绀织工艺，因此也有人认为广东锦的出现是受到西域的影响。只是能否从现代绀的产地直接追溯其古代产地又是另一个问题。不过我认为否定其与南方有关的想法是不太可取的。自古以来，中国周边地区的物产被称为"朝霞"的，一个是南蛮地区的"朝霞布"，另一个就是新罗的"朝霞锦"。高丽和契丹也有献"朝霞锦"的记载，这多半是受到了新罗的影响，尽管名称变成了"云霞布"或是"霞锦"，但如果不是图案有相似之处的话，名字也不会取得如此类似吧。

古代朝鲜半岛诸国和日本不同，较早就开始和南方诸国有往来和交流。《日本书纪》中记载，钦明天皇四年（543）九月，百济的圣明王向当时的倭国（日本）献上了"扶南财物"。扶南是

1世纪到7世纪中南半岛南部的一个国家。《日本书纪》记载的这个时期，与其说是百济和扶南之间有了直接来往，不如说是两国经由中国建立了交流。在此四年前也就是539年，扶南向中国南朝的梁朝贡。同样与南朝保持亲密外交关系的百济，从梁分来了一些扶南的物产，回到百济后又将其中一部分给了倭国。根据记载来看，梁得到的朝贡物产主要以活的犀牛和当地的土特产为主。百济是通过中国南朝，接触了南国的物产。

也有一些百济不依靠中国直接和南国交流的证据。《日本书纪》记载，皇极天皇元年（642）百济使节来日，其从者报告了百济本国人和昆仑使在国内发生的纷争。这个"昆仑使"似乎就是通过海路来到百济的，"昆仑"就是第六章中提到的东南亚的昆仑国。

中国结束了南北朝分立的时期后，即便朝鲜半岛由新罗实现了统一，和中国之间密切的关系以及册封朝贡关系并没有改变。在这种持续交流中，像这样通过中国和南国进行的接触应该是一直存在的。此外，在南方和朝鲜半岛之间，哪怕是没有国家间的直接交流，朝鲜半岛民众也将民间交流的范围扩大到了南方地区。

7世纪末，唐代的高僧义净撰写了《大唐西域求法高僧传》。这是从中国前往印度及中亚等地求法的僧侣们的传记，其中记载了从大唐出海前往印度的高句丽及新罗僧侣共 8 人。中国和南方诸国的交流在唐统一以后走向繁盛，在这个潮流中朝鲜半岛民众和南方文化接触的机会也增加了许多，模仿南方"朝霞布"的织造技术由此具备了十足的可能性。

送孔雀大礼

与朝鲜半岛和南国相关的还有另外一则话题。到了元代，14世纪初出版的一本百科兼文章范例类书籍《事文类聚翰墨全书》中记载，朝鲜半岛有孔雀繁殖。书中收录了一组往来书信，是一份关于"赠新罗孔雀"的书信及其答谢信。从赠送方的信中提到"新罗国奇毛"、答谢信中回复"新罗珍种"来看，这或许是一种饲养在新罗的新品种孔雀。孔雀是南国珍鸟，主要生活在中南半岛和马来半岛等地。当然我们并不能断定这个新品种是不是真的出现在新罗时代，此处的"新罗"我认为指的是朝鲜半岛。只是这种百科全书类著作哪怕出版年代很新，也多会重复一些此前出版过的旧书的内容。唐末前后的范文也很难说是不是真的在这个时代仍旧被模仿。即便答案是否定的，这份往来书信也向我们证明了在未曾想到的领域，朝鲜半岛和南方也有着文化交流。

使用蚕丝再现南方绊织工艺而制成的布料，非要说的话的确可以称为"锦"，但是从中国传统的锦的概念来说又并非如此。除了"朝霞锦"，也有用表现较厚布料的"绌"字称其为"朝霞绌"的。南方的朝霞布虽然也为中国所知，但是使用蚕丝绊织出的这种新布料，不仅在新罗，在中国和日本也都很受欢迎。如今在法隆寺和正仓院中可以见到这"朝霞锦"的一部分残片，让人感受到某种不可思议的缘分。

观"竹"异同

在探寻古代绊织布料的过程中，发现了这类布料法隆寺中藏量多，正仓院里藏量少背后的秘密。像这样的比较方法，运用在其他宝物上也有一定的价值。即便是历史背景有所不同，这些宝物也会将它们身上所携带的那部分历史的横剖面展现给我们。接下来我们就拿"竹"做个例子。

正仓院中竹子给世人留下的印象实际上很浅。平安时代以后，"竹雀""竹虎"这类图案四处可见，但是在正仓院中并没有。正仓院宝物中让人眼前一亮的植物基本都是和小山石一起出现的那种不高的草花。这可以说是完全模仿了唐代图画或是纹样中出现的草花模样。

有一把琴周身涂满漆，琴身上镶嵌着一幅刻在金银薄片上的画，描绘的是隐士们聚会的酒宴。在这幅画的背景中出现了一两根竹子，但只是为了起到一种点缀的效果。此外，正仓院所藏阮咸的拨子上也有与这种光景相似的画，两者画的应该都是"竹林七贤"，故而添加了竹子的意象。隐士和竹子的组合在唐代铜镜的纹样中也有所体现。这些都是正仓院中为数不多描绘了竹子的例子。当然使用竹子这种材料的宝物也并不是没有，高级品中有毛笔的笔杆、乐器（笙和竽等），量产品中则有箭矢及收纳散花的盒子等。

但是除了非用竹子不可的物件，以及日本本土原有的竹子工艺品以外，要特别提上一句的就是收纳双六盘的箱子了。这个箱子的外侧贴有竹编的细网，所用竹丝有三种颜色，分别为紫色、红色和竹子的原色。马赛克装饰的材料中也有竹子，但是如果不说明，基本没有人能察觉出来。原本宝物中就有使用"假斑竹"这种工艺的物件，在木材上用颜料描绘斑纹，模仿天然斑竹的效果，或是将玳瑁加工成弯曲状，模仿斑竹的色泽和外形。这些手法诞生的原因是真斑竹作为工艺材料十分稀有。之后也会提到，在中国北部及其他一些地区，这种竹子是十分珍贵的高级品。除

"玉虫厨子"上的舍身饲虎图（部分，法隆寺藏）

了这些需要表现"竹"的特殊情况以外，实际上正仓院藏品在积极使用竹元素进行设计和制作仍保有竹子本来形状的工艺品这两方面非常薄弱。

与之相反，法隆寺流传下来的物件中经常出现竹。形象上最好懂的大概是"玉虫厨子"底座上的画。画面的主题虽然是佛教性质的"舍身饲虎"，但我们可以看到其中的竹子画得十分写实，占了大半画面。镀金的光背铜板在整体设计上也与奈良时代的工艺品截然不同。竹子的这种画法没有第二例。此外，法隆寺献纳

光背背面所刻金刚力士与竹（法隆
寺藏）

宝物中还有一件"竹制厨子"。竹子作为材料虽然很细，但是设法发挥其本身的特性，也是一种新的尝试。

法隆寺献纳宝物中有一件金铜佛，支撑金铜佛光背的是一根竹形雕刻支柱（N-195_34）。提到光背支柱，法隆寺中最有名的应当是百济观音背后的那根竹形支柱，我想或许也有读者知道这个。虽然并不是真的竹子，但反而能让人感觉到制作者对竹的执着和向往。

法隆寺百济观音光背背后的支柱

北朝文化和南朝文化

　　法隆寺藏品的这些与正仓院宝物完全不同的风格和特色究竟
从何而来呢？我认为要想搞清楚这个，应该从"玉虫厨子"上的
装饰画入手。舍身饲虎图上的竹子并不是制作者随便画上去的，
"舍身饲虎"出自佛教经典《金光明经》中的《舍身品》，正是发
生在竹林里的一段故事。既然是发生在竹林里的故事，画面上有
竹子那不就是很正常的事情吗？其实也不尽然。在敦煌同样主题
的北朝或隋代壁画上，就完全没有竹子的影子，出现的植物也很
难说是竹子。会出现如此不同，想必是因为一方的地域和文化中

有竹，而另一方的地域及文化中无竹，换句话说，是南朝文化和北朝文化不同。

同样是画在"玉虫厨子"底座上的施身闻偈图出自《涅槃经》，这个故事中原本并没有关于竹林的描写，但是图中一样画有竹子，更让人想到南北文化差异。敦煌壁画中的树木大多比较粗杂，这大概与中国西北部地区的风土不无关系。

即便是今日，竹子在中国仍旧主要生长在江淮以南，在朝鲜半岛也只生长在西南的一部分地区。中国北朝以及定都在北方的隋唐两朝，都设有司竹监这类专门机构负责育竹，培育出的笋供宫廷食用，竹子则被加工为各种竹工艺品。与此不同的是，南朝城市所在的江南地区，即便不提著名的"竹林七贤"，大家也都知道这里是竹之乡。

众所周知，与古代日本在政治上和文化上都有着密切接触的百济，从中国的南朝文化中摄取了大量养分。竹文化在以法隆寺藏品为中心的各种 7 世纪珍品上得到极大体现，显然这是南朝文化的影响。在这点上，正仓院宝物的背后是唐文化，竹元素自然会少上许多。现在经常提到，7 世纪前的日本文化受到经由朝鲜半岛输入的中国南北朝文化的强烈影响，我也曾经在自己的著作中提到这一点（《木简讲述的古代日本》第八章）。

法隆寺藏品中显眼的竹文化，也是其受到中国南朝文化影响的一个具体表现。

　　将那些正仓院中少有或没有的元素一并纳入视野，通过这些"没有"从另外一个角度来观察和思考宝物，使之变得更加立体和鲜活，具备更强的真实感，这正是正仓院的意义之一。

第八章

地下正仓院

《乐毅论》练字木简

（平城京木简）

校仓的气象条件

正仓院中收藏的大量宝物举世无双，即便今日中日两国又发现了许多新文物，也改变不了这个事实。正仓院与众不同的地方就是仓库中的宝物已保存了千年以上。过去我们认为正仓院校仓为了保存宝物而在结构上进行了特别设计。校仓指正仓院的北仓和南仓，外壁由三棱柱状的大块木材摞在一起组成。这种校木在湿度高的时候会自然膨胀，阻挡外界空气侵入，在干燥的时候则会收缩让干燥的空气进入仓内——我在小学时听到这种说法是真的相信了的。但事实上，这是个精心编织的谎言。首先，中仓就不是校仓壁，而是木板壁；其次，历经千年的古木材也不可能轻易膨胀收缩。实际上，在使用气象学方法分析宝库内环境后发现，宝库内部受外界空气的影响其

正仓院校仓（自南拍摄）
仓底高约 2.5 米

实在我们预想之上。真正保持温度和湿度稳定的是收纳宝物的古代唐柜内部，而测算宝物当年来到日本时的各种条件，创造与之相符的环境并拥有 24 小时空调系统的则是现在的新宝物库。

从保存了多件世界上绝无仅有的宝物来说，正仓院自身就是一个小小的世界。像前文的阮咸和下文的五弦琵琶等乐器，即便想做比较研究也很难，因为没有其他类似的珍品传世。但是我们也不能完全将正仓院宝物视作孤立的。

平城宫遗址的木简

昭和 30 年代（1955~1964），奈良的平城宫遗址出土了大量古代文物，被称为"地下正仓院"。这个称呼包含了两层意思，一是说平城宫遗址中出土了与正仓院藏品相似的物品，二是说遗址和其中文物整体上可以与正仓院相匹敌。无论怎么说，这都暗示了正仓院与这些在地下考古中出土的文物之间的关系。

平城宫遗址中出土了木简。昭和 36 年（1961），在从平城宫遗址中发现大量木简之后，日本各地的古代遗址中也相继发掘出木简，从此木简成为古代日本史和相关考古学研究不可欠缺的重要项目。在平城宫遗址出土木简以前，谁都没有想到，在一块小木片上写字这种行为在那个时代居然已经遍及全国。

但是，当木简这个东西出现在世人面前的时候，大家才意识到正仓院中其实也藏有奈良时代的木简。当然并不是说这个时候才知道有木简，"二战"前东大史料编纂所刊行的《大日本古文书》第十二卷中就收录有两枚木简的照片。除了这两枚木简以外，正仓院中还保留有近 50 枚木简，文字内容大部分收录于《大日本古文书》。但是谁也没想到，这部分木简只是那个时代被大量使用的木简中极少的一部分。在木简被大量发现前，正仓院的木简始终是一个孤立的文字资料体系，而木简就是正仓院与"地下正仓院"联系起来的缘由。

在平城宫遗址及其他古代遗址中发现的木简至今已有数万余枚，那正仓院中所藏的几十枚木简是不是就失去了意义？显然不是。正因为大部分木简重见天日，正仓院木简所拥有的重要意义才再次浮出水面。

用木简记录

这里有一个关于正仓院传世木简的例子。一枚木简的正反两面都有记载，文字如下：

法花经疏一部十二卷_{吉藏师者}

　右依饭高命妇宝字元年闰八月十日宣奉请内里

（正面）

　使召继舍人采女家万吕

　判官川内画师　主典阿刀连

（背面）

木简文字的意思是"饭高命妇奉宣将吉藏所作的《法华经》的注释书《法华经疏》一套 12 卷奉请至内里",也就是把经书借去宫内的意思。从天平宝字元年（757）闰八月十日的日期来看，命妇应该是在奉命当天，或者是相近的某天去执行了这项借经书的公务。搬运经书的小工就是这个叫采女家万吕的舍人。木简背面末尾处的两个人名则是批准了这项外借的造东大寺司的官员，判官和主典分别是造东大寺司的三等官和四等官。

这个时期为了营建东大寺，专门设置了一个临时机构"造东大寺司"，其下设有负责抄写经书事务的写经所。写经所的主要工作是抄写佛教经典，此外也会在必要的时候将抄写完毕或是备用的经书外借。这枚木简，可以视作借出时的留档。

木简（正仓院宝物）

还有一张古文书的照片，希望各位读者能随我一同解读。正仓院中藏有以奈良时代为主的古文书近 800 卷，这些古文书一般被称为"正仓院文书"。这种规模的平安时代前的古文书能保存下来十分罕见，8 世纪的古文书保存如此完好，遍寻世界独此一家。正仓院文书的内容基本都与造东大寺司和写经所相关。前面提到的正仓院木简，从内容来看也和圣武天皇的遗物没有关系，可以视作是与造东大寺司或东大寺自身相关的一些文书。由于当时东大寺逐渐难以维持对其他宝物仓的管理，这类与东大寺相关的资料也进入正仓院，作为收纳资料的一部分被保存起来。

同一个人撰写的文书

照片中的这份文书同样也是写经所的记录，是一份整理誊写好的借出经典名簿中的一部分。从笔迹来看，似乎和前述那枚正仓院藏木简上的笔迹相似。将木简中的"师""奉请"等字与文书上的比较一下，能发现写字细节上的小习惯几乎相同，可以判定二者是同一人所写。文书和木简的笔迹出自同一个人的话，书写者的名字也能确定了。在写经所，有那么几名从事事务工作的

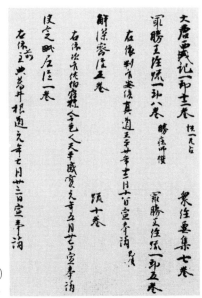

借出经典的文书（正仓院宝物）
从笔迹看，与木简出自同一人之手

官吏，像这样的文书都由他们来完成，只要熟悉了这个笔迹，哪怕没有署名也一样可以知道是谁写的。内藤乾吉此前在对正仓院中的书籍和古文书进行综合调查研究的时候发现了这一点，由此推导出大量古文书的撰写者姓名。根据内藤的研究结果，撰写了这份文书的人是一名叫他田水主的小官吏。

　　同一个人撰写的木简和文书同时作为传世资料保存至今，这种事情在正仓院以外既没有先例，今后也不太可能发生。但这件事情并不仅仅是罕见，在我们考虑古代木简使用特点的时候也有着无可取代的重要意义。只看平城宫遗址等地出土的数量，我们会知道古代使用了大量的木简，但是这些大量出土的木简给人的感觉是一种单独使用的信息传递载体，并由此产生了认为当时纸张昂贵所以使用木简的观点。

为什么使用木简

事实上木简并不是单独使用的，在当时多以某种不特定的形式和纸面的文书并行使用，包括记录信息或是传递消息，以及作为记录货物信息的吊牌等。对这类具体例子感兴趣的读者，可以参考拙作《木简讲述的古代日本》。就收藏于正仓院中的木简来说，这份名簿文书是将相关木简上的借出记录收集整理而来。每次借出时用于记录的木简，在这份经书外借的过程中就是借出的存根，一旦需要掌握经典的具体借出情况，将这些存根木简整理一下即可。顺次抄录木简记录的话，马上就能整理出这类名簿文书。

在律令制度的影响下，官署的事务全部要通过文书来执行，所以制作名簿也是工作中十分重要的一项任务。这种名簿记载的内容一般跨度为数月，跨年的情况也不少见，所以日常需要将这些存根木简保存好。同样，这类工作需要大量使用木简，因为从用途来看，与其用大张贵重的纸，不如用木简更方便。保存到今日的木简中有内容残缺的，也有连年月日等重要信息都不完备的，但其实这些木简中的重要信息早已被转移到正式的纸质文书上并整理好了。

结束了使命的木简一般会被废弃，遗址中出土的木简就是作为废品被发现的，正仓院的这些木简则恰好是废品中的漏网之鱼。这类木简和纸质文书的关系，也可以从文献角度进行考虑，但是像正仓院这样，能将同一个官吏书写的木简和纸质文书都保存至今，又恰巧能理清木简和纸质文书之间关系的情况是绝无仅有的。

正仓院的箭

前面我们谈了一些正仓院在木简研究中的关键作用。反过来说，这些大量出土的木简也同样让我们再次认识到正仓院宝物的价值。正仓院收藏的一支箭的刻铭就正好验证了这一点。除刀剑外，正仓院中还收藏了枪和弓等大量武器，以及大量的

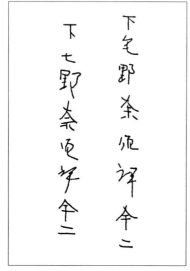

正仓院箭上的刻铭　　　　　　　　藤原宫木简中的"评"字

箭。有报告称箭是以 50 支为一束，竹制的箭杆上刻有如上所示文字：

　　下毛野奈须乡仐二

　　奈须乡是古代地名，指的是现在栃木县的那须一带。这组箭矢过去被认为是奈须乡向朝廷献上的武具。原文写作"奈须"，

"那须"是一种误写，不过这并不太要紧，因为"下毛野"是"下野（国）"比较古老的写法，"奈须"和"那须"的发音又相同，所以这样解释应该没有什么太大问题。"全"是"籍"字的简化写法，"二"应该是表示箭矢数量的意思。

但我对这行字的辨识结果有一处一直难以认同的地方，就是这个"乡"字。仔细辨认字形，这真的是个"乡"字吗？我忽然想起从奈良县橿原市的藤原宫遗址等地出土的写有"评"字的木简。我在《木简讲述的古代日本》一书中也提到过，在大宝元年（701）制定大宝律令之前，日本行政区划等级中"koori"并不是写作"郡"，而是写作"评"。这种例子在藤原宫遗址等地出土的木简中可见，主要多出现在地方向国家以实物纳税时的税物货牌上。写货牌的人很多，字稍微写得潦草一些就会出现前面所示的那种例子。这个和有疑点的箭上刻的不就是同一个字吗？对，刻的字不该被辨认为"奈须乡"，而该是"奈须评"才对。

如果这是评制时期的箭矢，那就要比正仓院建立的时代还要早上数十年，作为正仓院宝物好像又古旧了些。不过"下毛野"这个写法实际上只在 8 世纪前夕的很短一段时间里使用过，所以这组箭还是断代为 7 世纪比较合适。也就是说，那须这个地方进献给朝廷的箭矢和箭筒被一起保存了下来。通过和木简上的文字进行比对，我们为 7 世纪地方制作的箭矢实物做出了一个明确的断代。在木简出土数量逐渐上升以前，写作"评"的史料真的是极为有限，所以把正仓院箭上的"评"字读成"乡"也是情有可原。这些箭能够受到瞩目，正是因为有了出土木简的辅证。

名人笔迹

正仓院和"地下正仓院"之间的联系，也可以从文书等物品上来考虑。正仓院里不仅有官吏们撰写的文书，也有许多名人的笔迹。只有在正仓院，才能看到藤原仲麻吕（惠美押胜）、道镜和国中公麻吕等奈良时代的主角在文书上的签名。但要说更为震撼的，还是圣武天皇和光明皇后夫妻二人也在正仓院留下了墨宝。天皇亲笔抄写的是从中国诸多典籍中选取和佛教相关的诗文整合成的《杂集》；皇后写的是《乐毅论》和《杜家立成杂书要略》，《乐毅论》是临摹，《杜家立成杂书要略》为中国隋代杜正藏编纂的文例集，是誊写。两个人的书法风格呈现一种对照感，天皇下笔纤细，皇后笔力豪放，这一点经常成为热门话题。

圣武天皇所书《杂集》
（局部，正仓院宝物）

以《乐毅论》为例，这件书法本来是中国东晋的书法家王羲之所写的珍品。王羲之的书法作品在任何一个时代都被视作书法创作的顶峰，这种风潮也席卷了奈良时代的日本。光明皇后在天平十六年（744）44岁的时候，临摹了王羲之的《乐毅论》，并装裱成一卷保存起来。末尾处落款为"藤三娘"，是光明皇后的小名。这卷光明皇后的亲笔摹帖后来和圣武天皇的遗物一起被进献给了东大寺。王羲之的真迹在唐也是至宝，极为珍贵，所以光明皇后临摹的很有可能是模仿得很精巧的摹本。不过就算是临摹，像这卷摹帖年代这么久远的《乐毅论》也已经没有了，所以在研

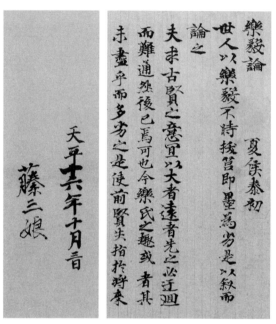

光明皇后所书《乐毅论》（正仓院宝物）
左图为皇后的署名

究王羲之的书法作品时被视作很重要的材料。皇后临摹的《乐毅
论》，从笔力来说的确能感受到内在的强韧。那时的日本皇室并
没有将男子和女子分开教养，女性也可以和男性一样接受各种教
育。后来即位成为孝谦（称德）天皇[1]的阿倍内亲王，作为圣武
天皇和光明皇后的长女，也在皇太子时代随吉备真备学习了《汉

1　阿倍内亲王一生两度登基，首次践祚称孝谦天皇，第二次登上皇位称称德天皇。

书》和《礼记》。这在平安时代是不能想象的事情。从当时这种开放的风气来说，其实还没有形成所谓"女性笔迹"的概念。皇后的书法和天皇的书法的确有差异，但是将皇后的字按照后世标准粗暴地评价为"像个男人"是不可取的。

范本字帖《乐毅论》

在当代，《乐毅论》是学习王羲之楷书的代表性字帖，古代的时候当然也是这样。这一点可以从出土的木简上得到确认。在平城京左京一条三坊的位置，出土了如下一枚木简。该位置被认为是贵族宅邸的遗址。

"乐毅论"左下角的小字"夏"应该是将《乐毅论》的作者夏侯玄的姓缩成一个字的写法。这位作者的名字不仅留在了王羲之的原帖中，也出现在了皇后摹写的版本里。但是这枚木简上的字又是东倒西歪，怎么看都与王羲之无关。但反过来想，字写成这样的人都知道《乐毅论》，又让人觉得十分有趣。

乐
毅
论
夏
毅
论

在《乐毅论》的普及问题上，有一份正仓院文书拥有的信息量并不比这枚木简少。正仓院文书中的习字草稿里有一张就有"乐毅论"三字。这份文书现被裁成四份用在不同的地方，正面另有字迹，背面则废纸利用为练字的草稿纸。用这4张纸的照片来恢复原样看一下可以发现，"世界""世尊""无量""无边"等佛教用语比较显眼。写经所的官吏将他们日常映入眼帘的字眼或是脑海中惦记的词句在练字时写在了纸张上。"加冠"这种词也是当时频频出现在历书中的熟语。不可思议的是，这份习字草稿中的"乐毅论"三字在过去的调查研究中并没有获得关注。

王羲之的儿子王献之也是著名的书法家，王羲之被称为"大王"，王献之则被称为"小王"。王羲之的名字偶尔也可以看到使用"义（義）"字的情况，写作王义之。《万叶集》中恰好就是借用"大王"和"义之"作为汉字假名来表音，读作テシ（teshi），这在江户时代以后是比较广为人知的一个小知识。这两个字的发音正好与"手师"（书法老师）相同，算是玩了个谐音的小把戏。在有教养的人群心目中，王羲之是十分有名的人物，这点可以从光明皇后的临帖、木简和古文书里的习字草稿中看出来。

正仓院文书中的习字草稿

用流行诗练字

　　前面几节我们将古文书、书籍与木简之间的关系简单地梳理了一遍。我最后再举一个例子。我对木简产生兴趣的契机来自一份习字木简残片。这几块残片都是从木简上削下去的文字碎屑，拼接之后能读出以下信息：

易断惜风景于也

惜风景于

滑稽权大滑稽匚

《王勃诗序》习字木简（平城宫木简）

初春於權大宅宴序
早春上月連襟把袂梅柳變而新藏芳
道術齋而欣人聚羈心易斷惜風景
於他鄉勝友難遭盡歡娛於此席權
大官骨稽名士倜儻高才博我以文章
期我以大要大夫之風雲暗相許國士之
懷抱深相知大開琴酒之筵遠命珪璋
之客則有僧中龍象文道林之聰明物
外英奇劉眞長之體道張生博物仁

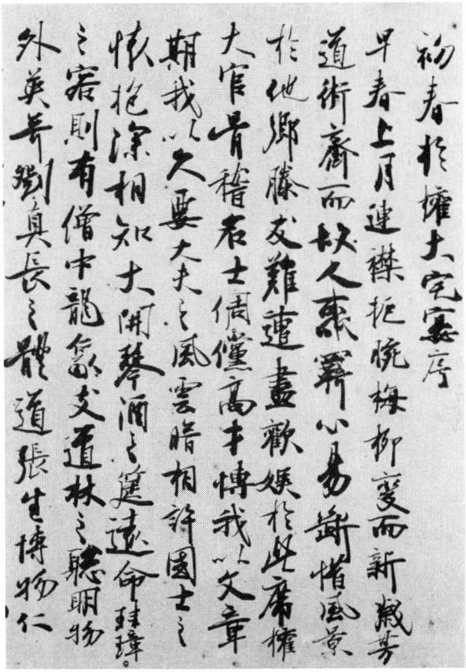

《王勃诗序》(正仓院宝物)第三行至第五行，出现了木简中练习的字

“惜风景”“滑稽”这类表达，看起来并不像是朝廷公文中会出现的内容，但可以看得出这几个字有被反复练习过的痕迹。某一天我打开了收藏于正仓院的《王勃诗序》复本，一行诗文在不经意间进入我的视线：“羁心易断，惜风景于他乡；胜友难遭，尽欢娱于此席。权大官骨（滑）稽名士，倜傥高才。”

这行诗文的内容和木简中的文字排列基本一致。若只是“风景"或"滑稽"这种词，一般文章里也不是见不到，但是木简中有"权大"二字，《王勃诗序》中也有"权大官"，这应该是一个姓权的官吏。两边都有这个人名是判定二者为同一篇文章的重要凭证，这些削下来的木简就是官吏借《王勃诗序》中一段内容来练字的证据。

这篇《王勃诗序》现在仅有正仓院的这份传世。王勃是中国初唐的代表性诗人，写得一手好文章。诗人这个称呼给人一种生前多不得志的印象，但王勃则完全不同，少年因文才而成名，诗作有许多人花重金相求。他的诗风在8世纪一度非常流行，反而是现代对他作品的文学性评价并不太高。因为曾经是风靡一时的大文人，所以在他死后作品很快就被结集成册，有《王勃集》30卷。

正仓院所藏《王勃诗序》，应该是从《王勃集》中将诗序的部分单独抽了出来。唐代的官吏在开诗会的时候，会将作品结集起来并在前面加上序文。王勃因为很有名，经常会受邀参加这些诗会并执笔诗序。正仓院的《王勃诗序》卷轴，使用了由色泽不同的染纸接续而成的纸，用欧体字书写，十分豪华。卷末写有庆云四年（707）七月的批注，通过这个可以确定抄写的时间。日期下写有使用的纸张数，但与实际使用的数量相差一张，因此有人认为这个批注可能是他人添加的。不过通过比较笔迹可以发现，批注的字迹和正文开头的字极为相似，所以我认为末尾的批注和正文应该是同一人所写，而张数的差异很有可能只是计数的时候算错了。

日本最古老的抄本

抄写于庆云四年的话，也就意味着除了佛教经典及其注释书外，《王勃诗序》是日本抄写的文字作品里最为古老的一部。在此三年之前，大宝二年（702）出发的遣唐使已返回日本，带回的最新书籍中很有可能就囊括了王勃诗集，而这一篇《王勃诗序》应该是从诗集中摘抄出来的。这么判断的理由是其中使用了大量武则天颁行的则天文字，包括创制于698年之后的字。如果《王勃集》确是从唐而来的话，那么能够携带其归国的就只有702年的遣唐使了。仔细鉴赏《王勃诗序》原件可以发现，文中的"华"字只写了一半，笔画断在中途。全篇"华"字均有这个现象，并不是一个偶发情况。这个现象很早就有人指出，但没有给出具体解释。这种情况一般被称为"阙笔"，是为避讳，多是在写字时减少字的笔画，通常表现在皇帝及其亲人的名讳之上。"华"字是武则天祖父的名讳。《王勃诗序》中出现"阙笔"十分正常，保留则天文字也毫不意外，是对诗集的一个忠实再现。如此真实反映武则天时代氛围的书法作品在传世作品中极为罕见。

王勃的诗集在奈良时代曾经是贵族和文人们追捧的对象。奈良时代中叶编纂的日本最古老的汉诗集《怀风藻》，其诗序也有从王勃作品中借句。除正仓院传世的《王勃诗序》之外，在日本其他地方亦有自唐抄写的王勃诗集的残卷留存。《王勃集》被当时的人们所重视，并非因为它是名人作品集，而是因为它非常具有实用性。例如这篇被写在木简上用来练字的诗序。序中先介绍了举行诗会的这个季节，感慨众人聚在一起，然后称赞了诗会的主办人权大官。"滑稽名士"是指言谈灵活机变的有名望之人，这里是赞美权大官之意。奈良时代，各种仪式和行幸之后都少不了宴会，在这种席面上，贵族和文人们会根据场合创作一些汉诗或和歌并展示给众人。

这种时候，和《文选》等著作并列为范本的恰好就是王勃的作品。诗人们那种阐述内心精神世界的作品，其实并不适用于这种场合，像王勃作品这样使用华美辞藻的诗文才最适合拿来模仿。特别是像《王勃诗序》这类，借用起来十分方便，就像《怀风藻》中借句的实例一样，比较容易创作出那种看起来感觉还不错的诗文。

下级官吏爱读的书

正仓院所藏的《王勃诗序》，称它为优秀的艺术品也不为过，但这件作品实际上或许只有一部分贵族与文人看过。有人因此认为虽然《王勃集》的实用价值很高，但当时创作汉诗汉文的这些文人搞不好也只是知道个名字罢了。事实证明这个观点是不正确的，验证了这一点的恰好就是前文所说的平城宫木简。就像前文提到的那样，当时使用木简处理公务的人绝对不是什么高级官僚，而是一些官阶较低的官吏。削下来的木简残片证明了这些在官署处理文书的人也可以接触王勃的诗序，并且用其中的一部分来练字。

带着这个思路继续整理文书，我们可以发现正仓院文书之中还有下级官吏信手创作仿王勃风格诗序的痕迹。只要认真学习这些汉诗汉文的作者使用的参考材料，就能很好地理解他们的作品。所以，乍看之下与官吏生活无缘的王勃诗文，意外地传播广泛并拥有许多读者。从发现这些木简残片的奈良时代中期垃圾坑中，我们还发现了写有"莫嬾读书"字样的木简以及写有《文选》的木简及土器。这些下级官吏们想象着自己有一天可以参加高级宴会，丝毫不敢懈怠地学习和读书。

就像这样，一枚小小的木简可以讲述许多我们未曾了解的历史。但是倘若未能有正仓院保存《王勃诗序》又会如何呢？木简中的"滑稽"和"风景"究竟是根据什么文献而来，或许就会成为永远无法解开的谜题。"地下正仓院"的价值，正因为正仓院宝物的存在才得到印证。正仓院的《王勃诗序》，也同样因为木简记录的存在而让我们了解到它在奈良时代的影响，增加了对它的认识。《乐毅论》和"奈须评"箭矢也是同理。

　　从整体来看，正仓院宝物和地下发掘出的文物之间确实异多过同。但是将二者综合分析，我们可以进一步了解许多未曾知晓的古代历史。

第九章

近代的正仓院

纪元二千六百年纪念正仓
院展的观览目录

公开展出的历史

一年一度装点奈良秋天的正仓院展，展览期间每天有将近 1 万人参观，从热闹程度来说如同虚构一般。不过，每年秋季对公众展出宝物的历史并没有十分久远。"二战"结束后的昭和 21 年（1946）秋天，在奈良国立博物馆首次举办了正仓院展。公开展出祖先留下的伟大文化遗产，是为了振兴"二战"后的日本，恢复国家建设。第一届正仓院展在 22 天的展期内迎来了 15 万余人参观的盛况，获得极高的评价。第二年开始，正仓院展成为每年定期举办的展览，延续至今日。

在此之前，正仓院宝物展出的机会只有数次。其中一次是在明治 8 年（1875）至明治 20 年举办的奈良博览会上。奈良博览会由奈良的"株式会社奈良博览会社"承办，面向大众展出古社古寺所藏宝物。博览会的主要目的是为了振兴相关产业和提高公众对文物的关心程度。会场设在东大寺的大佛殿及其周围回廊上，正仓院宝物的公开展出正是在第一届奈良博览会上得以实现。当时宝物陈列在大佛殿，比起回廊这种露天环境，条件自然是好的，但从今日严格的博物馆展览管理角度来看，当年在这种环境下展示正仓院宝物还是让人难以接受。奈良博览会能够展出正仓院宝物，主要是曾参与明治时代第一次正仓院学术调查的蜷川式胤和町田久成等人之力。蜷川等人当时正在为设立国家博物馆而竭力奔走，举办奈良博览会是推动此事千载难逢的好机会。此外，平时不可能公开展出的正仓院宝物如果能借博览会的机会展出，相关研究者也可以进一步对宝物进行研究。当然，就当时的情况而言，展出正仓院宝物并不仅仅出于研究目的。放在今日可能无法想象，但是对明治时代来讲，如果能生产出如正仓院宝物一般精致巧妙的工艺品，对开国后的日本手工产业发展有着重大意义。当地民众和政府也是出于此种考量才决定举办这次博览会的。

奈良博览会盛况空前。第一届博览会（明治 8 年）在 80 天展期中共有 17 万人参观，第二届（明治 9 年）到第七届［明治 10 年（1877）及明治 15 年未举办］每一届的参观人数都达 10 万人左右。不过奈良博览会在明治 16 年以后没能再迎来最初的盛况，正仓院宝物也只在明治 8 年、明治 9 年、明治 11 年（1878）和明治 13 年（1880）这 4 届展出过。

纪元二千六百年

奈良博览会以后，正仓院宝物的公开展出中断了 60 余年。直至神武纪元二千六百年[1]，即昭和 15 年（1940），正仓院宝物才又迎来了公开展出的机会。这次展览的场馆定在东京帝室博物馆（现在的东京国立博物馆）。考虑到奈良博览会是明治时代的产物，展览地点又仅有奈良，正仓院宝物在东京帝室博物馆的展出可谓是真正意义上的公开展出。此前，宝物中的染织品曾在研究整理期间于大正 14 年、昭和 3 年（1928）及昭和 7 年（1932）三次在奈良帝室博物馆展出，大量参观者为一睹这些染织品前来。只是这三次展览完全没有展出其他宝物，将其称为"真正意义上的宝物公开展出"有些言过其实。

纪元二千六百年展览会的参观人数十分可观。在 20 天的展

1　日本在明治五年（1872）制定了以传说中初代天皇神武天皇即位的公元前 660 年为元年的"皇纪"纪年并大力推行使用。依照该纪年法的计算，1940 年为神武纪元二千六百年。

期中，有将近 42 万人前来，平均每天约有 2 万余人。听说还有年轻的研究人员从关西乘坐夜间列车往返。

正仓院的"神话"

纪元二千六百年展览会并不是一次单纯向大众公开展出正仓院宝物的展览，在那个年代和环境下，它充满了浓厚的政治色彩。打开我们手中这本《纪元二千六百年纪念正仓院御物特别展观览目录》，可以看到如下内容：

> 以圣武天皇御遗物为代表的正仓院御物，文华灿烂、闪耀着奈良朝艺术精华的光辉，其贵重之处，如今更不须多言。世间千年珍宝并非少见，但大多埋没于地下，被发现全依偶然。如正仓院御物这般被敕封于仓内，历经千年而不损，于地上安泰存世者，遍寻世间也难寻同例。这正是体现我国国体精华之至宝。

这里体现的正是一种自明治时代以来，在政治的明暗之间构筑的新正仓院印象，认为自奈良时代以来，依赖"敕封"的力量保护了所藏"御物"（天皇的宝物）的正仓院，是奈良时代文化的精华所在。战败后因为舆论和政治意识的变化，这样的正仓院印象曾一度消失。但现在高中教科书上关于正仓院宝物是这样写的："正仓院宝物展示了天平美术的最高水平。"[《高中日本史》，三省堂，昭和61年（1986）]"正因为是敕封仓所以才保存完好。"（《详说日本史》，山川出版社，1983）基本和明治时代后构筑的正仓院印象一致。我认为这是一种被创造出来的正仓院"神话"。

为何说是"神话"？首要原因就是在类似这样的说法中有些叙述并非事实。正仓院宝物其实大多数是东大寺的寺宝，尽管一提正仓院宝物，多数人只会想到圣武天皇遗物或光明皇太后和孝谦（称德）天皇捐献的诸多皇家私宝，但从数量上来说，这些只是全体宝物的一部分而已。从收藏宝物的仓来看，和圣武天皇及皇室有关的宝物一直藏于北仓，东大寺的寺宝收在南仓，分出来的中仓则是北仓藏品出入库时暂作收纳之用。宝物全部归属皇室要到明治时代以后。

所以被无数次强调的"敕封"在明治时代以前并不适用于全部仓，仅有北仓延续了这种"敕封"。"敕封"的方式也不是像后世那样用有天皇署名的纸张包裹钥匙管理出入，近代以前的

"敕封"更多的是只要有天皇许可就可以开闭仓和出入库。中仓因其作为临时收纳场所的特殊性质，约于镰仓时代初期成为敕封仓；南仓则是由被称为"僧纲"的僧侣、寺院管理者派遣使者，会同东大寺僧侣一起进行开闭仓管理。这种管理形式又被称为"纲封"。

即便是纲封，由于僧纲本身是由国家机构任命的，因此实质上和天皇敕封并没有太大的差别。但是由于僧纲的管理随着古代国家体制的衰退逐渐变得有名无实，中世以降，南仓可以说实质上是由东大寺管理。面临类似情况的还有法隆寺的纲封藏。

实际上同样的问题也发生在敕封仓上。不能说敕封的威慑力已完全丧失，但吹嘘因为有敕封所以宝物保存完好却有些言过其实。众所周知，中世以降天皇的权威和影响力已经逐渐衰退，敕封的威慑力若是足够，就不会发生那么多次盗窃事件，也不可能发生那种当权者打开敕封仓切去名贵香木的事情。实际上从中世到江户时代，敕封的北仓和中仓里的宝物时常被移到南仓或移回，这一点可以从保留至今的几部检校目录来一窥究竟。原本应被敕封的屏风类宝物在江户时代的上百年时光中一直停留在仓外。现在北仓中所藏的圣武天皇遗物等宝物也不是奈良时代敕封时的原样，而是明治时代初期正仓院重新整理后的样子。

要说正仓院宝物没有被过度糟蹋的原因，主要一点可能是这些宝物的风格和中世以降日本的审美意识有较大的差异。这恰好与奈良诸寺院忘却和抹去古代审美意识，创作出诸多新美术作品有相同之处。与此相比，香木这样吻合新时代流行的宝物就变得较为出名。

最后，不得不说最为万幸的是正仓院宝物没有遭受过灾害。根据记录了中世法隆寺情况的《圣德太子传私记》（成书于1239年前后）来看，法隆寺的敕封藏早早就被毁坏了。从日本的灾害史来看，大概其他大寺也有因为灾害而被毁坏的敕封藏。

此外，被塑造成"神话"的还有将宝物评价为"展示了天平美术的最高水平"这个问题。前面数章中我们已经详细讨论了正仓院宝物中有大量物品来自海外的情况，因此此处"天平美术"的范畴需要认真考虑。

被卖掉的宝物

明治时代以后，正仓院的管理权交到了国家手上。宝物成为皇室的收藏品，同时也代表着皇室，所以才有了前一节所谓被构筑的新正仓院印象。由于涉及"敕封"的权威，明治以后创造的正仓院"神话"是不可以也是绝对不允许被破坏的。关于这点，可以从大正6年（1917）爆出的一件丑闻窥见一二。

大正6年3月13日，这一天各种报纸都用大幅版面详细报道了"正仓院宝物"被部分盗卖的大事件，盗卖者为原帝室博物馆历史部主任小杉榲邨（1834~1910）的养子小杉美二郎和女婿石本秋园。小杉榲邨曾担任东京帝国大学讲师、东京美术学校教授等职务，十分有名望。综合当时各路新闻的报道，大致可以将整件事总结如下。

在东京税务署工作的小杉美二郎贪污公款并全部挥霍干净，为了填补贪污亏空，打算将亡父小杉榲邨的藏品卖掉，小杉榲邨的女婿石本秋园协助了他。石本秋园曾因帝室博物馆的关系参与过一些古画的摹写，对卖品的实际价值有一定的判断能力。被卖掉的藏品中包括正仓院宝物和明治初期进献给皇室的法隆寺献纳宝物。实际上他们偷偷将亡父的藏品卖出这件事情早于大正6年，但到了这年的3月13日，《东京朝日新闻》《东京日日新闻》《时事新报》等各大报纸同时对这件事进行了大量报道。

这件丑闻暴露的主要原因在协助二人卖宝物的一个叫远闲田政平的人身上。将小杉美二郎、石本秋园和远闲田政平三人的供词总结一下来看，远闲田此人大概从很早就开始做二人卖宝物的中间人，但是他在卖出去后并没有马上将入账的钱交出。小杉美二郎两人责骂远闲田，远闲田记恨，最终将被卖掉的宝物的详细情况公布了出来。

远闲田政平原本是正仓院御物整理办公室的工作人员。明治政府当年接受了杉孙七郎、股野琢等人的建议，着手修复正仓院宝物，并在赤坂离宫（现在的迎宾馆）设置了专门机构，这就是正仓院御物整理办公室。该办公室挂靠于宫内省之下，杉孙七郎为负责人，自明治25年（1892）到明治37年（1904）负责修复正仓院宝物。在这期间，需要修复的宝物被从奈良搬到了东京。这个远闲田是当时为数不多既见过正仓院宝物，又可以确保宝物能卖出相应价格的人。

被修复的宝物

远闲田在谈话中是这样说的（《东京朝日新闻》3月13日）：

去年6月，某家送来鉴定的物品中发现了绝对不能染指的正仓院御物（中略），例如有关目录中记载的收

纳御褥的盒子。从前我们带着心痛去努力修补了它，没想到它居然出现在了小杉的遗物里。（下略）

此处的"从前"是指设有御物整理办公室的时候。现在我们看到的正仓院宝物如同新品一样，色彩鲜艳，保存状态良好，可能无法相信远闲田的话。不过，虽然未必是全部宝物都有严重的破损，但是明治时代初期开仓修理时保存状态不佳的宝物的确不在少数。

例如天平时代螺钿精工技法的代表作、经常出现在各种图录上的那把紫檀阮咸。仔细观察幕末的图画和明治初年的拓本，图案上欠缺的部分十分明显。与这把阮咸现在的样子比较可以知道，这是因为嵌入的贝壳和琥珀脱落了。脱落的部分有一些从仓内的残片中找了出来，御物整理办公室的人员就用这些残片进行了修复。

东京国立博物馆中收藏了当年从整理办公室发来的公文，其中就有要求博物馆协助修理工作的内容，其中一份是为了修复螺钿紫檀五弦琵琶和阮咸上的图案，要求取走博物馆保管的可能是自琵琶和阮咸上掉落的残片。这份公文的日期是明治 30 年 6 月 30 日，负责人是杉孙七郎。明治初年有一段时间正仓院宝物的

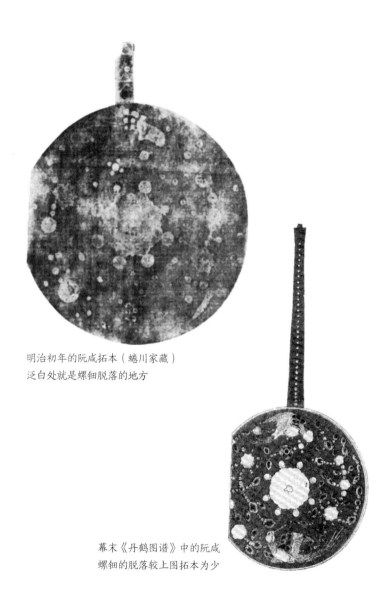

明治初年的阮咸拓本（蜷川家藏）
泛白处就是螺钿脱落的地方

幕末《丹鹤图谱》中的阮咸
螺钿的脱落较上图拓本为少

修复后的阮咸（正仓院宝物）
全貌见第六章插图

管理十分复杂，所以出现了博物馆中保存有正仓院宝物残片的情

况。这部分保存在博物馆的残片按照要求如期交给了御物整理办

公室。但阮咸上欠缺的部分只靠取回的残片修补是不够的，不足

的地方只能用当时的工艺做出新的进行填补。

　　公文中提到的螺钿紫檀五弦琵琶就是今日众所周知代表正仓

院御物的五弦琵琶。它作为现存的唯一一把五弦琵琶十分有名，

连面板上刻着的骑骆驼人物也为人们所熟知。今日这把琵琶已经

五弦琵琶面板上的骑骆驼人物（正仓院宝物）

完全是修补后的状态，但在幕末的《丹鹤图谱》中，这把琵琶上果然还是有部分螺钿装饰脱落的痕迹。五弦琵琶的修补应该是和阮咸同时进行的，新补的部分也和阮咸相同。"二战"后正仓院的乐器曾接受过综合性研究，琵琶上了弦，弹出的声音被录入唱片。但是琵琶头部的弦轴是明治时期新补的，面板上的覆手亦是后来补上的，弦也是新的。所以，想从这把修补痕迹很重的琵琶中倾听"天平之音"可说是很难的事情。

这里提到的琵琶和阮咸的修补只是整个正仓院御物整理过程中的一个小片段。大正13年（1924）刊行的《正仓院御物目录》中四处可见"此物，今修理"或是"此物，今修补"的注脚。虽然在规模上可能与现在有差别，但是御物整理办公室经手的整理修复工作在当时来说着实是一项十分巨大的工程。

流失宝物清单

远闲田政平正是曾在御物整理现场一件件将宝物仔细观察下来的人，他的话也绝不是胡言乱语。对偷偷把亡父遗物拿出来卖的小杉美二郎等人来说，此人可以说是一把双刃剑。

写到这儿就不得不将大家关心的正仓院宝物流失清单列出来了。下面就从最为详细的《东京朝日新闻》的报道中抽出关于正仓院宝物的部分。

一、圣武天皇御用，黑紫绦绶御带；

二、同，七条树皮色织成御袈裟局部，约七寸四方；

三、户籍文书残片；

四、圣武天皇御凭几上所用御褥之收纳盒的一部分

（朴材金银泥绘）。

原出处是新闻报道难免有错，此处列出的均为订正后的名称。这份宝物清单究竟是何人所作现已不明，但从名称都是专业性极强的学术用语来看，绝不可能出自一般人之手，很有可能就是远闲田政平等相关人士提供的。需要注意的是这份清单绝不是凭空杜撰之物。一件件仔细说明有些复杂，这里我们就以第二件和第三件为例。

第二件宝物袈裟是光明皇太后捐出的圣武天皇遗物之一，现今也收藏于正仓院。流失的是从袈裟上裁下来的一片布。从前就有人指出这件袈裟上缺失了一个长方形的部分，后来被用新布修补上了。这份报道上提到的内容与此相符。

第三件宝物应该是古代户籍或计账这类古文书的一部分。计账是指征收租税的台账。正仓院数量庞大的古文书中也包含了8世纪上半叶的户籍和计账。第二章中提到过，正仓院文书有一部分流向了民间，其中也包含了户籍和计账。这部分报道内容和现在调查所知的事实一致。关于户籍和计账，有一个特

别值得留意的地方，那就是这部分流向民间的户籍和计账数量并不多，在已知的范围内均和小杉榲邨有着微妙的联系。比如说收藏了其中一部分的静冈藤江家，原家主和小杉榲邨是朋友关系；"二战"前收藏了绝大多数流失户籍和计账类古文书的蜂须贺家原本是阿波（今德岛县）的大名，小杉榲邨正是出身阿波地区，和蜂须贺家是主仆关系，明治维新后双方仍保持着密切交往。这些流失古文书的背后，不意外皆有小杉榲邨的影子。

在前面所说的访谈中，远闲田政平对丢失的御褥收纳盒一部分重见天日这事十分吃惊。凭几（奈良时代又称挟轼）上铺的软垫就是此处所说的御褥，第四件宝物就是收纳这个软垫的盒子的一部分。这个盒子被认为现在也藏于正仓院，正式名称叫"朴木金银绘琴箱"，尽管这个大小放琴是不可能的。只是在众多宝物中寻找朴木质地的细长盒子，除了这件以外没有其他，而它表面画有金泥银泥的绘画这点和远闲田口中对这个盒子的一部分的描述十分吻合。这件"朴木金银绘琴箱"原本破损严重，进行过修理，顶板和底板都是新补的。此外，这个琴箱还有其他曲折的故事。原正仓院事务所所长和田军一曾写过，这个琴箱一度从正仓院流入民间，在宝物盗卖事件曝光后，剩下的部分被归还给帝室

博物馆，悄然回到正仓院藏品之中。

宝物流失的话题进行到此，不得不让人思考，像第一件这样现在所藏不明的宝物可能确实存在过。光明皇太后献物的清单中有"赤紫黑紫绦绶御带"，从名称来看与流失的第一件宝物十分相似，字面意思是用浓淡不同的紫色绦编成的腰带。这件腰带是圣武天皇的遗物之一，与前面提到的袈裟一样，原本可能都是颇有来头的皇家御物。

消极的当事者

直面了这件事的宫内省和帝室博物馆相关负责人不可能没有察觉事件的真相。"二战"以前的正仓院曾长期挂靠在帝室博物馆下并受其管辖，事件发生时的帝室博物馆馆长正是和御物整理办公室关系密切的股野琢。明治时代以来正仓院御物的流失，没有人会比股野琢更清楚其中的脉络。但是当事者对这件事情的反应十分消极。股野琢在3月13日的《东京朝日新闻》上发表了如下言论：

> 正仓院御物没有任何一件流入民间，更不要说被买卖，这种说法简直没有道理。关于正仓院御物，我等奉敕旨于明治24年进行修复整理，参与者均在严正监督下进行修理工作，哪怕是修理过程中产生的粉尘碎渣都没有随意处置，而是小心翼翼将其保存在玻璃箱中，绝无半点丢失的可能。

股野琢的态度就是"御物绝不可能流失，成为事件焦点被买卖的物品不是正仓院御物"。他和其他相关人士又暗示正仓院宝物在明治以前曾有过流失的先例，奈良诸大寺中也有不少与正仓院宝物相似的传世文物。此外，放到今日可能说出来谁也不信，但是当时作为产业振兴的参考样板，正仓院中曾有大量染织品被切割制成"参考标帖"，发放给各个府县。

小杉榅邨的藏品中很难说就没有从此类渠道辗转而来的宝物。但是他所藏的户籍和计账等古文书就不同了，这部分古文书此前和其他正仓院文书一起由小杉本人制作过影印本。这点可以从侧面证明确实是有正仓院宝物经小杉榅邨之手流失了。

新馆长森鸥外的诞生

不幸中的万幸是这件事很快被世人忘记了。3月16日，二月革命爆发的消息从俄国传来，新闻报道的热点全部转向了那边。但是宫内省的相关负责人却并没有和世人一样马上忘记这件事情。当年年末，宫内省出现了人事变动，股野琢不再担任帝室博物馆馆长，代替他的是从陆军退役后正闲居的森鸥外。这可以看作是"正仓院御物流失事件"的余波。

接任馆长的森鸥外一直有改善正仓院闭锁性的想法。大正九年（1920），森鸥外更改了陈旧的规定，将过去只允许达官贵人参观的宝库扩大开放给研究者。不过在明治30年以前，关于参观的管理本就不是那么严格。早稻田大学的创始人之一市岛春城曾在回忆录中提到在正仓院遇到第九代团十郎的事情，并感叹

"以前管理没有这么严的时候，只要掏几个参观的钱立马就能进去"［《随笔春城六种》，昭和 2 年（1927）］。但是到了森鸥外任馆长的时候，正仓院的管理已经十分严格，并没有对真想参观的人完全敞开大门。

此外，当有人提出想归还流失仓外的古文书时，森鸥外也是积极地开放正式受理流程，接收宝物。可以看出这也是受小杉榅邨事件影响而做出的新举措。不过关于流失宝物的归还，或许是惧怕再发生类似的问题，此后公开受理的方式并没有被继承下来。

在昏暗的宝库仓内参观也有限度。参观人数从森鸥外上任后至昭和 16 年（1941）因战争疏散停止开放，年间平均 1500 余人。即便如此，还是有对参观人数限制和参观内容不满的人。考古学者水野清一回忆起当时便如此写道：

> 我至今有过数次参观正仓院宝物的机会。但一年一度于曝凉[1]期间在昏暗的仓内透过玻璃参观宝物，可以说总有一种意犹未尽的感觉。除此之外，我手中能参考的

1　夏季"土用"期间（立秋前 18 天），为去除湿气、防范虫害，将书籍、衣物、器物等取出晾晒并通风。

只有那些已经公开的相关人士撰写的手记或是解说，想
了解正仓院宝物还差得太多。［东方学术协会《正仓院
文化》，昭和 23 年（1948）］

　　"二战"前并不是没有进行过正仓院宝物的学术性研究，只
是受课题和人选所限，大多数研究者的研究事实上只能通过图录
完成。

从"二战"前到"二战"后

　　"二战"前正仓院给人的拮据感其实在前面提到的纪元
二千六百年纪念展上就已象征性地表现了出来。这次展览被称为
正仓院宝物在"二战"前唯一的一次公开展出，但展示品中没有
一件宝物是来自封存圣武天皇相关物品的北仓。图录上非常隐晦
地写着"因御物十分高贵，展示恐有破损之忧，故而避开"。"二
战"后，奈良国立博物馆的龟田孜在提到这次展览选择展品时
说，正是因为北仓的宝物多是圣武天皇的遗物，所以才没有展示
给大众。"二战"后的第一届正仓院展也沿袭了这一"传统"，在
33 件展品中，北仓的展品仅有 7 件。

"二战"后的正仓院成了"二战"前的正仓院无法相比的开放性机构，但并不是说从根本上改掉了原本就有的一些"传统特色"。关于正仓院的"神话"依然存在，内容也是换汤不换药。即便宝物的内容和名字有所改变，正仓院藏品作为"御物"的事实也不曾改变。最后我要再强调一次，正仓院宝物既不是国宝，也不是"重要文化财"，它是属于皇室的"御物"。

后　记

　　我对正仓院产生兴趣要追溯到中学时代。在中学的图书馆书库和市属图书馆的阅览室里翻阅刚刚发行的朝日新闻社豪华版《正仓院宝物》时的那份感动，至今记忆犹新。因为上了高中之后，虽然我几乎每年都会去参观正仓院展，但并非每次都会展出那些名品，《正仓院宝物》这套图册弥补了我的遗憾。

　　两年前我收到了朝日新闻社《周刊朝日百科 日本的历史》系列《正仓院宝物和万叶之歌》一卷的约稿，会接下这份工作正是曾对正仓院抱有的这部分兴趣使然。本书的构思同样建立在去年4月发行的这本《正仓院宝物和万叶之歌》（第53号）上。本书的第六章是将刊于该"周刊百科"的第一章进行增补后完成的，其他章节则是在参考了"周刊百科"及我本人曾经公开发表的论文和随笔等内容的基础上，为本书写下的新稿。

　　本书使用了大量插图，需要向宫内厅正仓院事务所、东京国立博物馆、奈良国立文化财研究所，日本国立公文书馆、奈良县立橿原考古学研究所附属博物馆、长崎市立博物馆、白鹤美术馆、前田育德会尊经阁文库、长谷寺、法隆寺、药师寺、竹书房、中国大使馆及伊藤敏雄先生等多家机构和个人表示衷心感谢。此外还要特别感谢在可以称为本书"前身"的"周刊百科"的编辑工作中尽心尽力的朝日新闻社能登屋良子女士。

最后，还要衷心感谢在拙著《木简讲述的古代日本》出版之后，邀我执笔本书的岩波书店伊藤修先生，以及负责本书编辑工作的新书编辑部坂本纯子女士，谢谢你们。

1988 年 9 月

东野治之

参考文献

有关正仓院的文献不胜枚举，此处列出几部内容较为全面的著作供各位读者参考。

安藤更生著、奥村秀雄修補『正倉院小史』（国書刊行会、1972 年）

杉山二郎『正倉院』（瑠璃書房、1980 年）

宮治昭『正倉院』（保育社、1986 年）

此处仅列出与本书内容有直接关联的主要文献。

此外，因本书定位、篇幅有限，若想进一步了解宝物，推荐读者参考至文堂『日本の美術』系列下列书籍，它们既易购买，照片也十分清晰。

『正倉院の染織』（102 号）

『正倉院の書蹟』（105 号）

『正倉院の楽器』（117 号）

『正倉院の陶器』（128 号）

『正倉院の歴史』（140 号）

『正倉院の金工』（141 号）

『正倉院の漆器』（149 号）

『正倉院の木工芸』（193 号）

『伎楽面』（233 号）

I　シルクロードとガラスの坏

正倉院事務所編『正倉院のガラス』（日本経済新聞社、
1965 年）

東野治之「ラピス・ラズリ東伝考」（同『遣唐使と正倉院』
岩波書店、1992 年）

由水常雄『ガラスの道』（中公文庫、1988 年）

谷一尚「正倉院紺瑠璃坏の系統と伝播」（『岡山県立オリエ
ント美術館紀要』六巻、1987 年）

同　　「正倉院白瑠璃碗の源流」（同五巻、1986 年）

橿原考古学研究所『新沢千塚一二六号墳』（1977 年）

金関恕「松林寺磚塔発見の遺宝」（『朝鮮学報』十八輯、
1971 年）

秦弘燮『韓国七〇〇〇年美術大系　国宝』（5）工芸（竹書

房、1985 年)

藤本勝次訳註『シナ・インド物語』（関西大学出版社・広報部、1976 年）

Ⅱ 樹下美人図の下貼

関根真隆『奈良朝食生活の研究』（吉川弘文館、1969 年）

東野治之『正倉院文書と木簡の研究』（塙書房、1977 年）

同　　「正倉院文書より見た新羅文物」（Ⅰ既出著書）

皆川完一「買新羅物解　拾遺」（『正倉院文書研究』二、1994 年）

田村円澄『古代日本の国家と仏教』第四章（吉川弘文館、1999 年）

和田軍一　「淳仁朝に於ける新羅征討計画について（一）」（『史学雑誌』35-10、1924 年）

佐藤圭四郎『イスラーム商業史の研究』（同朋舎、1981 年）

中野政樹「法隆寺献納宝物　響銅加盤について」（『MUSEUM』114 号、1960 年）

梅原末治「新たに知られた二面の螺鈿鏡」（『史迹と美術』391 号、1969 年）

韓炳三編『韓国七〇〇〇年美術大系　国宝』（1）古墳金属
（竹書房、1984 年）

Ⅲ　輸入品と国産品

正倉院事務所編『正倉院の金工』（日本経済新聞社、1976
年）、『正倉院の絵画』（同、1968 年）

大賀一郎他「昭和二十八・二十九・三十度正倉院御物材
質調査」（『書陵部紀要』8 号、1956 年）

東野治之「奈良時代遣唐使の文化的役割」（Ⅰ既出著書）

池田温「麗宋通交の一面」（『三上次男博士頌寿記念論集』、
1979 年）

寺田晃「日本の金漆」（『科学史研究』159 号、1986 年）

鎮江市博物馆、陕西省博物馆編，《唐代金银器》，文物出版
社，1985

石兴邦編，《法门寺地宫珍宝》，陕西人民美术出版社，1988

東野治之「天平十八年の遣唐使派遣計画」（Ⅱ既出著書）

Ⅳ　三彩を作った人々

正倉院事務所編『正倉院の陶器』（日本経済新聞社、1971 年）

中野政樹「日本の魚々子」（『MUSEUM』393 号、1983 年）

斉藤孝『日本古代と唐風美術』（創元社、1978 年）

榎本淳一「広橋家本「養老衛禁律」の脱落条文の存否再論」（皆川完一編『古代中世史料学研究』上、吉川弘文館、1998 年）

平野邦雄『大化前代政治過程の研究』（吉川弘文館、1985 年）

V　香木の旅

東野治之・熊本裕・吉田豊「法隆寺献納宝物　香木の銘文と古代の香料貿易」（I 既出著書）

伊藤義教「法隆寺伝来の香木銘をめぐって」（『東アジアの古代文化』54 号、1988 年）

藤本勝次訳註『シナ・インド物語』（I 参照）

VI　染料と薬の来た道

松嶋順正述、松本楢重編『正倉院雑談』（奈良観光事業株式会社出版部、1948 年）

松嶋順正「正倉院宝物『ヒヨン』」（『正倉院よもやま話』、学生社、1989 年）

李季平:《唐代昆仑奴考》,《唐史研究会论文集》, 陕西人民出版社, 1983

奈良国立博物館『正倉院展目録』(1964 年)

石田茂作『正倉院伎楽面の研究』(美術出版社、1955 年)

伊東照司「薬師寺のドヴァーラヴァティー人」(『東方学』57 輯、1979 年)

上村六郎『上代文学に現れた色名・色彩並に染色の研究』[著作集 (2)、思文閣出版、1980 年]

曾我部静雄「日中貿易史上における蘇木」(同『中国律令史の研究』、吉川弘文館、1971 年)

赵丰:《海交史上的苏木》,《海交史研究》1968 年第 1 期

岡田章雄「近世初期における主要なる輸入物質について」(『岡田章雄著作集』Ⅲ、思文閣出版、1983 年)

Ⅶ　法隆寺と正倉院

太田英藏「法隆寺壁画の錦文とその年代(『法隆寺金堂建築及び壁画の文様研究』、美術研究所、1953 年)

東京国立博物館編『法隆寺献納宝物　染識Ⅰ』(便利堂、1986 年)

東野治之「日唐間における渤海の中継貿易」（Ⅰ既出著書）

今永清士「広東錦（解説）」（『国華』923 号、1970 年）

山辺知行「赤地経絣（解説）」［朝日新聞社『東洋美術』（6）工芸、1969 年］

日野開三郎「国際交流史上より見た満鮮の絹織物」［同『東洋史学論集』（9）、三一書房、1984 年］

Ⅷ　地下の正倉院

東野治之『正倉院文書と木簡の研究』（Ⅱ参照）

同　　　「正倉院武器中の下野国箭刻銘について——評制下における貢進物の一史料——」（同『日本古代木簡の研究』、塙書房、1983 年）

和田軍一『正倉院夜話』（日経新書、1967 年、改題『正倉院案内』吉川弘文館、1996 年）

正倉院事務所編『正倉院の書蹟』（日本済新聞社、1964 年）

分部盛之「正倉院御物王勃詩序に就きて」［小川晴暘編『正倉院の研究』（上）、明和書院、1947 年］

IX　正倉院の近代

高橋隆博「『奈良博覧会』について」(『月刊文化財』1981 年
10 月号)

和田軍一「正倉院夜話」(Ⅷ参照)

関根真隆『名宝日本の美術 (4) 正倉院』(小学館、1982 年)

東野治之「小杉榲邨旧蔵の正倉院及び法隆寺献納御物——そ
の売却事件と鴎外の博物館総長就任——」[直木孝次郎先生
古稀記念会『古代史論集』(下)、塙書房、1989 年]

奥村秀雄「東京国立博物館保管上代裂について——とくに
法隆寺宝物の献納とその後に関する資料——」(上)(下)
(『MUSEUM』390・391 号、1983 年)

林謙三『正倉院楽器の研究』(風間書房、1964 年)

阿部弘「天保の開封と宝物調査」(昭和 62 年　正倉院展目録)

亀田孜他「天平美術を語る (座談会)」(『日本美術工芸』42
号、1946 年)

译后记
正仓院研究的最前线

　　岩波书店新书编辑部这本东野治之老师的《正仓院》，于 1988 年 10 月首次出版，至今已过去 30 余年，重印十余次，堪称日本国内介绍正仓院宝物的国民级入门著作。金秋十月，一年一度的正仓院展举办之时，一些书店会在显眼之处摆出这本书，吸引那些对正仓院有兴趣的人前来敲开这扇知识宝库的大门。

　　本书除序言和著者后记外，共 9 个章节，从不同角度和不同宝物入手，介绍和分析宝物背后的历史、传承、工艺与技法等。展览期间那一件件静谧无声摆放在橱窗中的宝物，各自都拥有它们不为大众所知的秘密，而东野老师的这部著作，正是挑选了正仓院宝物中具有代表性者，探索其背后有关文化交流的历史轨迹。

　　十余年前，我拜于奈良女子大学馆野和己老师门下，学习解读正仓院文书和日本木简。恩师与东野先生交好多年，我也曾有幸聆听过东野老师授课，此次能够负责本书的翻译工作，深感荣幸。

　　要注意的是，本书成书至今已 30 余年，书中一些学说和观点已经陈旧，甚至已与当下最新的研究成果相悖。2001年，在西安南郊西安理工大学新校区的考古发掘中发现了唐李倕墓，出土了两面螺钿镜，在国内备受瞩目。国内学者此后指出这两面螺钿镜在纹样和图案结构上与正仓院所藏螺钿镜颇有相似之处，本书第二章（《树下美人图的覆背纸》）中提到的在中国还未发现相似镜子的说法因此被打破。近年来，随着中国考古发掘工作的广泛开展和相关学术研究的深入，我想会有更多可以互为佐证的研究材料得到关注。此外，由于工艺研究和观察上的新突破，一些原本产地有争议的宝物也有了新的论断。例如第四章（《制作三彩的人们》）中提到的正仓院南仓所藏巨大银壶，原本因壶身上的鱼子纹而被定为唐制，这也是本书撰写时的主流观点。后来，我国学者晏新志提出，中国同时代并没有同类造型器物，关于该器物原产地的判断可能存在错误（「正倉院宝物からみた唐代の中日文化交流」、2008）。此后，奈良国立博物馆展品室长吉泽悟于2017年第39号《正仓院纪要》中发表了关于此问题的最新研究，在详细地对银壶上的鱼子纹和壶壁上所刻的狩猎人物群像进行观察和比较，从工艺的不足和装饰纹样的单一等多方面分析后，最终将银壶的产地定为日本。历史上的遣唐使队伍中，留学生和留学僧由于留下的文献史料较多，多受研究者重视。然而实际上，随行者中还有派到中国学习各种技艺的各行业工匠，他们在唐学习技艺，回国后制作了大量大唐风格的工艺品。正仓院中留下的这些难以分辨产地的宝物，也从侧面证实了当时赴唐学习技术的这些日本无名工匠的努力。源自唐三彩的奈良三彩工艺也正是产生在这样复杂的环境中。本书中这样的例子还有很多，这里我就不再一一列举了。

关于正仓院宝物的最新研究主要发表在《正仓院纪要》上，于日本宫内厅官方网站正仓院纪要一栏以 PDF 格式公开。我在本文末尾列出了本书出版后日本关于正仓院研究的部分新著作和文献，以方便相关研究学习者参考。

最后特别感谢本书的编辑胡圣楠女士，因她的不懈努力和付出，本书才能如期付梓。本书出版时正值中日建交 50 周年，借此出版之机，衷心希望两国此后在相关研究与交流方面能够打破各种阻碍，推动东亚古代文明研究进一步向前。

龚婷

2022 年 8 月

于京都平等寺旧地

附：本书出版后日本有关正仓院研究的
部分著作及文献

由水常雄『正倉院ガラスは何を語るか：白琉璃碗に古代世界が見える』（中央公論新社、2009 年）

杉本一樹『正倉院：歴史と宝物』（中央公論新社、2008 年）

米田雄介『正倉院と日本文化』（吉川弘文館、1998 年）

木村法光『正倉院宝物と古代の技』（思文閣出版、2015 年）

米田雄介『正倉院宝物と東大寺献物帳』（吉川弘文館、2018 年）

米田雄介『正倉院宝物と平安時代：和風化への道』（淡交社、2000 年）

西川明彦『正倉院宝物の構造と技法』（中央公論美術出版、2019 年）

米田雄介『正倉院宝物の歴史と保存』（吉川弘文館、1998 年）

川勝守『正倉院鏡と東アジア世界』（汲古書院、2017 年）

関根真隆『天平美術への招待：正倉院宝物考』（吉川弘文館、1989 年）

近藤好和『日本古代の武具：『国家珍宝帳』と正倉院の器仗』

（思文閣出版、2014年）

国立文化財機構奈良文化財研究所編集『天平びとの声をき
く：地下の正倉院・平城宮木簡のすべて』（『平城宮跡資料
館秋期特別展：平城宮跡発掘調査50周年記念』、国立文化
財機構奈良文化財研究所、2010年）

索 引

（　）内为正仓院宝物正式名称

图书在版编目（CIP）数据

正仓院：宝物与交流 /（日）东野治之著；龚婷译
. -- 北京：社会科学文献出版社，2022.8（2023.1重印）
（樱花书馆）
ISBN 978-7-5228-0351-7

Ⅰ. ①正⋯　Ⅱ. ①东⋯ ②龚⋯　Ⅲ. ①历史文物 - 介
绍 - 世界　Ⅳ. ①K86

中国版本图书馆CIP数据核字（2022）第111700号

· 樱花书馆 ·
正仓院：宝物与交流

著　　者 /〔日〕东野治之
译　　者 / 龚　婷

出 版 人 / 王利民
责任编辑 / 胡圣楠　杨　轩
责任印制 / 王京美

出　　版 / 社会科学文献出版社（010）59367069
　　　　　　 地址：北京市北三环中路甲29号院华龙大厦　邮编：100029
　　　　　　 网址：www.ssap.com.cn
发　　行 / 社会科学文献出版社（010）59367028
印　　装 / 三河市东方印刷有限公司

规　　格 / 开　本：889mm×1194mm 1/32
　　　　　　 印　张：8.25　插　页：0.5　字　数：134千字
版　　次 / 2022年8月第1版　2023年1月第2次印刷
书　　号 / ISBN 978-7-5228-0351-7
著作权合同
登 记 号 / 图字01-2020-2010号
定　　价 / 79.00元

读者服务电话：4008918866

▲▲ 版权所有　翻印必究